I0135423

11917

PARALLELE

DU CŒUR,

DE L'ESPRIT

ET

DU BON SENS.

A. Pecquet d'Herin
orbicin, 1 —

R. 2240
II

PARALLELE
DU COEUR,
DE L'ESPRIT
ET
DU BON SENS.

Pav.M.d Pecquet

A PARIS,

Chez NYON fils, Quay des Augustins, du côté du Pont S. Michel, à l'Occasion.

M. DCC XL.

AVEC APPROBATION ET PRIVILEGE DU ROI.

PRÉFACE.

DE tous les genres de charlatanerie ou d'impoſture, il n'y en a point de plus commun que celui qui a pour objet le Cœur, ou l'Eſprit. On rencontre par-tout des hommes qui poſſedent, ſi on les en croit, tous les avantages de ces deux facultés. On ſe donne pour religieux, pour citoyen zélé, pour jaloux de l'honneur, pour pa-

rent tendre, pour ami fidéle.
Non content de vanter les
qualités de fon cœur, l'homme porte la même oftenta-
tion dans tout ce qui peut
donner une haute idée de
fon efprit ; il veut paroître
inftruit, éclairé, prévoyant ;
& fon amour-propre eft fatif-
fait dès qu'il croit l'opinion
publique décidée en fa faveur. On n'épargne même
pour parvenir à ce dégré d'il-
lufion, ni juftice, ni vérité.
Et l'on a une telle crainte de
ne pas avoir à ces differens
égards une entiere fupériorité, que pour fe l'affurer mieux,
on travaille fans ceffe à détruire dans l'opinion des au-

tres les concurrens que l'on croit les plus redoutables. Chacun veut, pour ainſi dire, ſe bâtir aux dépens des autres une belle maiſon ; mais par malheur , tel croit être bien logé qui n'a que l'avantage de ne pas connoître les défauts de ſa maiſon. Et ce goût, pour exceller, eſt ſouvent une yvreſſe d'autant plus forte, qu'on ſe croit de ſang-froid. Or pourquoi tant de peines & de ſoins réuſſiſſent-ils ordinairement ſi mal , ſi ce n'eſt parce que chacun connoît peu la valeur & l'uſage ſenſé de ce dont il veut diminuer le prix dans les autres? A ſuppoſer même pour

un moment de la sincérité
au milieu de cette ignorance de ce qui est en soi : com-
ment le discernement pourroit-il présider au jugement
d'autrui quand on ne l'admet
pas à l'examen de soi-même ?
Et en effet on n'entend que
louer , & blâmer avec excès
sur les simples apparences ,
sans approfondir, & sans combiner, comme on le devroit,
le personnel avec la nature
des circonstances.

On garde rarement un cer-
tain milieu dans les témoignages qu'on rend à ses pareils ; & il sembleroit à voir
ce qui se passe dans le cours
ordinaire de la vie , que la

société générale des hommes seroit partagée en deux armées prêtes à se détruire, le glaive à la main. Chacun se fait effectivement la guerre souvent sans utilité, & sans aucun respect pour ceux qui ont réellement le plus de mérite ; & en cela l'on péche également contre le sentiment, & contre les conseils de l'esprit & du bon sens. J'en suis moins étonné, lorsque je me rappelle que le parti de critiquer est assez commode, sur-tout quand on n'est pas scrupuleux sur la dose de la critique. Mais en même-tems je pense qu'il seroit heureux pour ceux qui ont à essuyer

la févérité du Tribunal public , qu'il pût y avoir certains principes établis , d'a-
près lefquels ceux qui s'éri-
gent en Juges, fuffent obli-
gés de dicter leurs Arrêts.
C'eft ce qui pourroit , fans
doute , réfulter d'un examen
bien approfondi du cœur &
de l'efprit , de l'ufage , des
facultés , & des opérations
de l'un & de l'autre , pour
en tirer des confeils sûrs dans
la conduite , & des guides
non trompeurs dans les jugemens de ceux qui font fimples Spectateurs. Tout le monde fent, & raifonne , puifque
c'eft le caractére néceffaire
& diftinctif de notre exiften-

ce. Mais cela ne fuffit pas
pour foi, ni pour les autres.
Il faut fentir à propos, & raifonner conféquemment. Or
on eft trahi par fon cœur ;
on eft féduit par les égaremens de fon efprit ; ou bien,
faute d'examen, on met le
cœur & l'efprit trop en jeu ;
ou enfin on agit d'après le
fentiment, quand on ne devroit agir que d'après le raifonnement, & réciproque-
ment. Ce qui forme, pour
ainfi dire, autant de mépri-
fes préjudiciables au bien de
la fociété, ou déftructives de
fes agrémens. Cela ne vient,
n'en doutons point, que de
l'ignorance de nous-mêmes,

& de ce que nous n'étudions
ni nous, ni nos pareils, enforte que nous ufons machinalement, & comme par ta-
blature, de deux propriétés
excellentes en elles-mêmes,
& qui ont réellement des bornes diftinctes & féparées,
qu'on ne fe donne pas la pei-
ne.de chercher. C'eft un point
fur lequel on peut dire que
nous vivons dans un tour-
billon, n'agiffant que d'après
les caufes fecondes, fans examiner leurs relations & leurs
rapports à nous-mêmes, &
nous laiffant emporter par
un torrent, dont l'accéléra-
tion augmentant toujours,

nous précipite vers notre terme, fans nous donner le tems
de nous reconnoître.

J'ai tâché, dans un ouvrage précédent, d'établir l'excellence de l'homme par l'e-
xamen de fon origine; il lui
manquoit encore d'être prouvée par la façon dont l'homme peut ufer de fes propriétés effentielles. Et c'eft ce que
je me fuis propofé dans ce
Traité, qui peut être regar-
dé comme une fuite des Pen-
fées diverfes fur l'homme.
Loin qu'on ait manqué de matiere pour remplir ce plan de
travail, on n'a eu qu'à fe défendre des détails trop longs,

& trop circonſtanciés, qui, quelque multipliés qu'ils euſ-ſent pû être, n'auroient en-core rendu qu'une très-petite quantité des tableaux infinis, que tracent aux yeux les di-verſes ſituations dans la ſo-ciété des hommes, & leurs nuances différentes. D'ail-leurs on a crû qu'il étoit ſuf-fiſant d'indiquer par des ma-ximes, & des obſervations générales, quand, & com-ment l'homme doit ſuivre la voix du ſentiment, ou raiſon-ner, en préſentant aux yeux des Lecteurs une eſpéce de mi-roir, dans lequel chacun peut ſe chercher. Heureux ceux

qui pourront ne pas craindre
la vérité de la glace, ou qui la
chercheront avec intention
d'en profiter!

Fin de la Préface.

On trouve chez le même Libraire les autres Ouvrages de l'Auteur.

SÇAVOIR,

LA Nouvelle Traduction du *Pastor Fido*, avec le texte à côté, *in*-12.   3. liv.

L'Aminte du Tasse avec le texte à côté, *in*-12.   1. l. 15. s.

L'Arcadie de Sannazar, in-12.   1. l. 15. s.

Discours sur l'Art de Négocier, *in* 8.   2. l.

Pensées Diverses sur l'Homme, *in* 8.   2. l. 5. s.

Discours sur l'Emploi du Loisir, *in* 8.   2. l.

Parallele du Cœur, de l'Esprit & du bon Sens, *in* 8.   1. l. 15. s.

PARALLELE

PARALLELE
DU CŒUR,
DE L'ESPRIT
ET
DU BON SENS.

I. LORSQU'ON envisage simplement le Cœur & l'Esprit en opposition, ou pour mieux dire quand on les compare ; la premiere difficulté qui se présente, c'est de distinguer & de définir l'action de deux facultés qui existent en nous ; dont les limites ne nous sont point

A

palpables, qui semblent concourir toujours & dans toutes les opérations, & que l'on sent néanmoins n'être pas toujours d'accord. Il semble en effet, que les opérations du Cœur & de l'Esprit sont un mouvement compliqué, produit ou formé par les facultés de l'ame; mouvement qui part d'un point commun, & qui par là semble-roit aussi devoir tendre à une fin commune. Or cela même n'est pas toujours vrai ; les conseils que suggerent le Cœur & l'Esprit pa-roissent, & peut-être sont - ils op-posés.

II. Ce n'est pas d'ailleurs en cherchant à concilier cette espece de contradiction, que l'on peut dé-finir ces deux facultés ; c'est en examinant leurs effets, & les diffe-rens objets sur lesquels elles s'exer-cent ensemble ou séparément. Alors nous trouverons des points fixes de distinction, & presqu'en même

tems nous connoîtrons d'une maniere affés exacte les chofes qui
participent néceffairement des opérations mixtes du Cœur & de l'Efprit, pour développer l'ordre dans
lequel ils agiffent : ce qui, comme
on efpere le prouver dans la fuite,
eft abfolument néceffaire pour la
conduite des hommes.

III. Si on confidére l'homme dans
fes deux fubftances réunies, il paroît un compofé propre à embraf-
fer, par le fentiment & par le
raifonnement, c'eft-à-dire, par les
facultés du Cœur & de l'Efprit,
quoique plus ou moins parfaitement, tous les differens objets
connus ou inconnus qui exiftent
dans la nature. De ce qu'il y en a
beaucoup qu'il ne connoit pas, on
ne doit pas inferer qu'il ne pourra
jamais les connoître. On doit conclure au contraire la poffibilité de
les découvrir, du nombre de ceux
qu'il a découverts, & qui avant

que de l'être, étoient enveloppez
de tenebres auffi épaiffes que celles
qui à l'égard de beaucoup d'autres
couvrent encore nos yeux. Il y a
plus, comme il n'eft rien dans la
nature qui n'ait été créé dans les
principes d'une conféquence réciproque, quoique nous n'en con-
noiffions pas diftinctement les
rapports ; le nombre des chofes découvertes eft néceffairement un
dégré pour arriver aux connoiffances que nous n'avons pas encore.

IV. L'homme eft donc capable de
fentiment & de raifonnement ; &
tant qu'il vit il eft fufceptible de ces
deux fortes d'actions, ou de l'une
d'elles au moins ; cela eft de l'effen-
ce de la fubftance immaterielle,
ainfi que le feu ou la chaleur ne
peuvent exifter fans un mouvement exterieur ou concentré, connu ou non connu. Or cette action
ne peut être que dans le fentiment
& dans le raifonnement. Mais le

jugement ne les dirige pas toujours & c'eſt alors que par l'application cette action peut être ſuivie de mauvais effets, ou pour mieux dire qu'elle l'eſt néceſſairement.

V. Cette ſubſtance immaterielle peut ſe développer ſi prodigieuſement, & agir par tant de branches differentes, que non ſeulement elle porte tout à la fois au ſentiment & au raiſonnement, mais qu'au même inſtant l'homme peut être occupé de pluſieurs ſentimens & produire pluſieurs raiſonnemens. Ces opérations combinées peuvent même porter ſur des objets totalement oppoſés, ſans que l'une ſoit gênée par l'autre, pourvû que chacun de ces objets pour être ſentis ou aprofondis n'exige pas, comme il arrive quelquefois, l'homme tout entier. L'homme par exemple peut avoir en même-tems un ſujet de peine & un ſujet de ſatisfaction. Et ces deux ſentimens peuvent ſe

balancer jufqu'à ce que l'un s'effa-
ce entierement pour faire place à
un autre. L'Efprit peut de même
fuivre deux objets ; le plus inter-
reffant produit à la verité l'attention la plus vive, mais l'autre ne
laiffe pas que d'occuper une partie
des efprits. Ce dernier objet fe meu-
rit même pour ainfi dire, fans que
l'on s'en apperçoive , & fans que
l'action differente en foit troublée.
La preuve de cette verité eft que
fouvent on paffe fans aucun inter-
valle fenfible d'une opération à
l'autre.

VI. Je ne foufcrirai donc point à
l'avis de ceux qui pour rencherir fur
leurs pareils & faire parade de leur
façon de fentir ; prétendent qu'on
ne peut pas en même-tems fentir
& raifonner : comme fi l'un & l'autre étoient néceffairement incom-
patibles ; ou que l'on ne pût pas
raifonner fans ôter au fentiment
quelque partie du tribut qu'on lui

doit. De même, il ne me paroît pas que l'on puisse raisonnablement tourner en ridicule quelqu'un qui se rendra ce témoignage, qu'il peut opérer en même-tems sur plusieurs choses. Ce dernier genre d'excellence doit à la verité être plus difficile & plus rare, parce qu'en matiere de sentiment l'ame peut n'être pour ainsi dire que passive : au lieu qu'en matiere de raisonnement la perception des idées qui est aussi passive, est suivie d'une opération d'activité. Mais il y en a cependant quelques exemples : il n'y a même personne à qui il ne soit arrivé que croyant avoir épuisé une matiere, & passant à une autre, au milieu du travail sur celle-ci, il lui revient comme machinalement, des idées nouvelles, ou plus parfaites sur le sujet auquel on croyoit soi-même ne plus penser. Or cela ne se pourroit pas, si l'Esprit n'étoit pas capable d'opérer en même-tems sur plufieurs fujets. Ma propofition ne fera donc pas moins vraie fur cet article que fur le chapitre du Sentiment.

VII. On ne peut pas dire que le Sentiment & le Raifonnement par lefquels j'entends le Cœur & l'Efprit puiffent être toujours indépendans. Il eft même ordinaire que l'ame agiffe à la fois par l'un & par l'autre, & fouvent fur les mêmes objets, parce que le même mouvement machinal (à le confidérer par le moyen qui y eft employé) qui ouvre ou ferme certaines traces dans le cerveau, dilate auffi ou refferre les parties du Cœur. Et il eft indubitable par l'union réelle mais indéfiniffable des deux fubftances dont l'homme eft compofé, que les actions du Sentiment & du Raifonnement fuppofent néceffairement une affection qui fe produit fur la machine, laquelle après avoir été affectée reporte à l'ame le fentiment de douleur ou de plaifir que l'homme confideré dans fes deux fubftances, n'éprouveroit pas fans cet accord ou relation réciproque entre les deux parties effentielles de fon être.

VIII. Mais le Sentiment & le Raifonnement ne font pas non plus dépendans néceffairement l'un de l'autre, c'eft-à-dire, qu'il n'y a point de néceffité phyfique qu'ils agiffent en même-tems & fur les mêmes fujets. Il y a certainement des objets qui font du reffort du Sentiment ; d'autres qui appartiennent feulement au Raifonnement. Et fans avoir befoin de le prouver, tout homme, pour peu qu'il réfléchiffe profondément fur fes opérations interieures, en doit trouver la preuve en lui-même. Qui ne fçait en effet que ce qui intereffera par exemple l'honneur, la fortune, l'amitié, ou la tendreffe légitime ou non, n'a pas befoin du miniftere

de l'Esprit pour se faire sentir ; Que
de même si j'ai un problême à ré-
soudre ou quelque opération de
memoire à faire, le Sentiment n'y
prend aucune part, & que dans
l'une comme dans l'autre espece
posée, l'une des deux proprietés, je
veux dire du Sentiment ou du Raisonnement, peut agir avec indépen-
dance pendant que l'autre repose.

IX. Ce n'est aussi dans aucun de
ces deux cas, que l'homme est le plus
occupé. C'est lorsqu'il y a quelqu'objet sur lequel le Sentiment &
le Raisonnement concourent ensemble, que l'homme agit tout
entier, c'est-à-dire, par toutes les
facultez qui sont en lui. Alors le
Sentiment & le •Raisonnement
s'excitent l'un par l'autre, & produisent souvent des agitations ; &
ces agitations vives & redoublées
qui répandent le trouble & l'ébranlement dans toute la partie organi-
sée, portent le nom de passions ;

car ce mot dont l'opinion & le langage des hommes alterent le vrai fens ne fignifie autre chofe qu'un mouvement paffif qui s'opere en nous avec tant de vivacité, qu'il nous porte à des effets d'activité tumultueux & violens. Telles font les fituations forcées où le fecours du bon Sens eft le plus néceffaire aux hommes, fans quoi ils tombent rapidement dans le précipice.

X. Or la définition du bon Sens n'eft pas facile à donner. Quand on refléchit fur la conduite des autres ou fur la fienne propre, je crois qu'on doit fentir ce que c'eft bien mieux qu'on ne peut le dire; & fi on peut le définir, c'eft fans doute plus aifément par fes contraires, parce que le mauvais en tout genre eft toujours plus fenfible & plus palpable que le bon. Je verrai bien en general qu'en telle & telle occafion on s'eft, au moins en aparence, conduit d'après les regles du bon Sens, mais ſi quelqu'un manque à ces regles j'en ferai frappé bien plus ſenſiblement. Quoiqu'il en ſoit, de cette opinion ſur laquelle, comme ſur tout ce qui eſt opinion dans le monde, je conçois qu'on peut diſputer pour & contre : puiſque le bon Sens opére interieurement en nous, il eſt indiſpenſable qu'il ait ſon origine & ſon exiſtence ou dans le Sentiment ou dans le Raiſonnement, c'eſt-à-dire, dans le Cœur ou dans l'Eſprit. Et cette verité n'empêche pas qu'on ne puiſſe faire du bon Sens, une troiſiéme eſpece diſtincte, ainſi qu'on le ſentira aiſément par la définition que je donnerai de l'Eſprit. La réſolution de ce problême eſt d'autant plus facile, que ce n'eſt point dans le Cœur qu'il faut chercher l'origine & l'exiſtence du bon Sens. Cela paroîtra indubitable à qui voudra refléchir, qu'une choſe ne peut pas faire partie de celle qu'elle combat, ou qu'elle doit prefque toujours combattre; & cette propofition doit être regardée comme une verité mathématique qui porte fa preuve avec elle-même.

XI. En effet, quoiqu'il y ait bien des occafions où le Sentiment eft conforme aux regles du bon Sens, ce n'eft pourtant pas du fond du Cœur que s'éleve cette voix qui condamne ou qui approuve le Sentiment. Le Cœur va fouvent trop ou trop peu loin, pour que cette opération que je nomme le bon Sens puiffe s'y produire; & le Cœur eft la partie de nous-mêmes, qui a le plus befoin de l'efpece de gêne qu'impofe réellement le bon Sens, lorf-qu'il arrête ou qu'il preffe le Sentiment.

XII. Il ne refte donc que l'Efprit qui puiffe être le berceau du bon Sens, & dans lequel on doive chercher fon origine & fon exiftence. On

pourroit d'abord oppofer à cette
propofition la raifon même par laquelle j'ai prétendu prouver que le
bon Sens ne pouvoit pas appartenir
au Sentiment ; il eft vrai que quelquefois le bon Sens arrête & con-
tredit l'Efprit : auffi ne le mettrai-je
point abfolument au nombre de fes
premieres opérations; il ne tient que
le fecond rang & ne naît qu'après,
de l'Efprit même qu'il rectifie &
qu'il peut rectifier, parce que l'Efprit à la difference du Cœur, porte
pour ainfi dire en lui - même fon
propre contrôle. Le Sentiment ne
travaille point ordinairement à fa
propre diminution, il s'augmente
au contraire & s'échauffe par une
fermentation indéfiniffable ; mais
que fent tout homme qui refléchit.
L'amitié tranquille dans fa naiffan-
ce, fi quelque caufe feconde ne
s'y oppofe, s'augmente par le tems
même de fa durée & prend de nouvelles forces. La haine, le fenti-

ment le plus vif qui agiſſe ſur l'homme, commence par un ſimple mouvement d'éloignement, & ne me-
rite pas tout à coup le nom terrible
qu'elle porte. Je ne crois pas qu'il
y ait un ſeul exemple, que dans le
premier inſtant de la naiſſance du
Sentiment on ait haï ou aimé
avec excès. Quiconque croira le
contraire, n'aura certainement pas
ſuivi exactement les mouvemens
qui ſe ſont formez dans ſon Cœur,
& le premier moment aura échapé
à ſon attention.

XIII. On ne peut pas dire la même
choſe de l'Eſprit ; il s'arrête bien
plus aiſément, il ſe laſſe & s'uſe
lui-même, ce qui n'arrive point au
Sentiment. Car je ne parle point
ici des Sentimens de douleur ou
de joie, qui certainement ne diminuent & ne s'affoibliſſent que parce
que leur vivacité dépend davantage de la partie des organes, qui
venant à ſe fatiguer diminuent le

Sentiment qui les a mis en action, c'est ce que le commun des hommes appelle sans plus d'examen le bénéfice du tems. Aussi dirai-je en passant qu'on voit ordinairement les joyes & sur-tout les douleurs, bien moins longues dans ceux que la nature a organisés moins fortement : en sorte qu'on leur feroit tort, si l'on vouloit juger du fond de leur sentiment . par cet effet machinal. Je puis dire que j'ai fait en plusieurs occasions, & d'une maniere sensible cette observation. Je crois qu'après ce Parallele, on comprendra sans peine, que bien que le bon Sens étende son empire également sur le Sentiment & sur le Raisonnement, il a pourtant sa naissance dans l'Esprit, & qu'il ne peut l'avoir dans le Cœur.

XIV. Quoiqu'il puisse y avoir des hommes capables d'opérer dès le premier moment, par le bon Sens ; cela est cependant si rare, que pour
établir

établir une regle à peu près générale & proportionnée à la faculté
ordinaire des hommes, il est plus
convenable de définir le bon sens
une seconde opération de l'esprit,
ou un effet de la réflexion. Parmi
les choses extérieures à l'homme,
qui touchent son cœur & qui frap-
pent son esprit, il y en a, qui ou
par leur nature, ou par la disposition des organes, touchent ou frap-
pent si vivement, qu'elles occasion-
nent un ébranlement & une com-
motion qui empêchent l'homme
de réfléchir suffisamment, ou de
combiner sensément avant que de
se déterminer à agir. Dans ce premier moment les sensations, ainsi
que les idées, sont excessives ou
confuses, & les faces des choses
ne se présentent pas développées
d'une maniere assez distincte. Comme le bon sens dépend nécessairement de combinaisons à faire, &
que ces combinaisons ne peuvent

être affifes, que fur la vérité des circonftances extérieures des objets ; l'opération du bon fens ne peut pas fe former, tandis que fubfifte le premier ébranlement dont on a parlé.

XV. Voilà pourquoi il n'eft point étonnant, que dans des chofes fimples, dans des occafions ordinaires, ou dans des affections douces, le bon fens foit une premiere opération de l'efprit ; c'eft-à-dire, que l'on puiffe toucher le point jufte des combinaifons. Mais il n'en eft pas de même des chofes difficiles ou des objets compliqués, fur lefquels les premieres opérations de l'efprit font ordinairement bien éloignées de ce point de rectification des fenfations ou des idées, laquelle je nomme bons fens. C'eft auffi ce qui fait qu'on connoît mal la trempe de l'efprit, tant qu'on n'a pas vû un homme dans des conjonctures difficiles ; & qu'il y a fi peu de grands hommes, ou d'hommes égaux aux grands événemens. Pour être tel, il ne fuffit pas d'avoir de l'efprit. Les idées, quelles qu'elles foient, & en quelque genre que ce foit, peuvent être faifies vivement, & perçûes avec netteté : voilà ce que donnent les lumieres de l'efprit ; mais les déterminations qui en doivent naître par l'effet des combinaifons, doivent être fondées fur le jugement. Ainfi, point de grands hommes où le bon fens n'exifte pas éminemment, parce qu'un grand homme eft celui qui fçait faire de grandes chofes, & que l'efprit feul ne les opere pas.

XVI. Le fentiment ou le cœur eft pour le bon fens bien plus difficile à vaincre que l'efprit. Outre ce que l'on a déja établi, il faut fe rappeller que l'homme s'aveugle par l'efprit, mais qu'il fe paffionne par le cœur. Or il n'y a nulle comparaifon pour la violence entre ces deux effets. L'aveuglement de l'esprit n'est pas ordinairement inaccessible à la lumiere, au lieu que la passion étouffe tout raisonnement. Rien n'est en effet plus insensé dans les effets, que les douleurs aiguës ou les joies outrées; de même le cœur préoccupé de haine ou d'amitié, tient en sujettion l'Esprit, & par conséquent le bon Sens, qui en est une modification. Les égaremens du cœur sont donc bien plus dangereux que ceux de l'esprit; & si l'un & l'autre sont pour l'homme des ennemis à combattre: il faut au moins convenir que le premier exige des armes bien plus fortes.

XVII. Si l'homme peut valoir tout ensemble par les qualités du cœur & de l'esprit; si, comme il est indubitable, il peut se rendre estimable par les premieres, & agréable par les secondes; ce n'est qu'autant qu'il sçait faire bon usage de

son cœur ou de son esprit. Et puis-
qu'il ne le peut sans le secours du
bon Sens, c'est donc à ce dernier,
pour ainsi dire, qu'il doit dresser
des autels ; ce doit être son rem-
part & son bouclier contre les égaremens ausquels conduisent si aisément la plûpart des objets qui nous
environnent, par ce qu'ils ont de sé-
duisant. C'est de-là que dépend la
réputation bonne ou mauvaise des
hommes. Nos pareils ne pouvant
lire dans nos cœurs ni dans nos esprits, ne peuvent juger que par
nos actions extérieures ; ainsi le bon
Sens, qui doit être le guide des
opérations de l'un & de lautre, influë nécessairement sur l'opinion
des hommes. C'est une vérité que
l'on ne se rappelle pas assez : on
suit trop les mouvemens de son
cœur ; on donne trop d'essor &
de liberté à son esprit, & la réflexion ne vient souvent que quand
il n'en est plus tems pour la répu-

tation. A qui réellement n'arrive-t'il pas en réfléchiſſant ſur le tems paſſé de ſa vie de ſe reprocher des choſes faites ou omiſes? Tel eſt le fruit de la réflexion, dans le ſein de laquelle le bon ſens prend naiſ-ſance.

XVIII. Il s'offre ici une pre-miere queſtion néceſſaire à exami-ner pour bien développer le paral-lele du Cœur, & de l'Eſprit, c'eſt lequel des deux ſeroit préférable pour chaque homme en particu-lier, & pour les hommes récipro-quement entr'eux ; c'eſt-à-dire, conſidérez dans l'ordre de la ſocié-té. Queſtion ſans doute embarraſ-ſante, mais non impoſſible a dé-cider, quoiqu'entre deux parties d'un même tout, qui ont chacune leurs prérogatives & leurs fonc-tions, & dans l'ordre de la nature, leurs différens objets d'application. Qui manqueroit totalement de l'un ou de l'autre, ſi cela étoit poſfible, feroit une efpéce imparfaite ; cela n'a pas befoin de preuves. Mais en fe formant l'hypothéfe de la préférence à donner à l'un ou à l'autre, il eft queftion de propofer & d'établir les raifons de décider pour l'un ou pour l'autre.

XIX. Il n'eft perfonne affuré- ment à qui même le refpect hu- main permît de dire qu'il préfére- roit l'efprit au cœur, mais au fond l'on n'agit pas toujours comme donnant la préférence au fenti- ment; en forte qu'on ne peut trop clairement prouver combien le cœur eft préférable, afin que l'homme ne puiffe s'empêcher de rougir quand il héfite dans le choix, ou quand il agit de façon à faire croire qu'il y héfite. On peut donc demander en général à tous les hommes : 1°. Si l'honneur n'eft pas ce qui leur eft & leur doit être le plus cher : or on n'eft point hon- nête homme par l'efprit. 2°. S'ils

voudroient s'avouer amis ou pro-
tecteurs d'une perfonne qu'ils fçau-
roient deshonorée , ou s'ils voudroient être en fociété particuliere
avec un tel homme. Or on n'eft
jamais deshonoré pour avoir peu
d'efprit : de cela feul il eft facile,
ce me femble, de conclurre en faveur du Sentiment ; mais entrons
dans un plus grand détail.

XX. Le Sentiment eft de tous
les inftans de la vie ; l'Efprit n'eft
néceffairement que d'un ufage momentanée ; c'eft-à-dire, qu'il n'y a
pas toujours néceffité d'en avoir &
d'en montrer. Le Sentiment intéreffe la folidité & la fûreté de la
Société. L'Efprit n'en fait, pour le
plus fouvent que l'agrément. Le
Sentiment même porté trop loin ne
produit jamais de grands inconvéniens. L'Efprit, s'il paffe certaines
bornes, eft dangereux, & peut faire beaucoup de mal. Le Sentiment
pouffé jufqu'à la plus grande déli-

careſſe eſt toujours ſatisfaiſant
pour ceux ſur leſquels il s'exerce.
L'Eſprit livré ſans meſure a tout l'eſ-
ſor dont il eſt capable , non-ſeulement eſt fatiguant pour les autres , mais il humilie ceux qui ont
quelqu'inſériorité en ce genre , &
par conſéquent il leur déplaît. Le
Sentiment gagne & aſſûre le don
précieux de l'amitié des honnêtes
gens. L'Eſprit n'y prétend & n'y a
aucun droit. Le Sentiment, pour
ſe ſatisfaire & pour agir utilement,
aiguiſe & évertuë, pour ainſi dire,
l'Eſprit. L'Eſprit n'ajoute au Senti-
timent rien qui lui manquât, quoiqu'on ne puiſſe pas dire qu'il ſoit
inutile au Sentiment né & exiſ-
tant, en ce qu'un homme d'Eſprit
a plus d'avantage qu'un autre dans
la façon de faire agir ſon Cœur.
Le Sentiment lie les hommes. L'Eſprit ſouvent les déſunit, ou s'il les
unit, ce n'eſt que pour le moment
& ſuperficiellement; en ſorte qu'il

est aisé de voir lequel des deux est
le plus propre au ministére de la
Société pour laquelle les hommes
sont nés, & sous le lien de laquelle
ils vivent & doivent vivre.

XXI. Il semble donc qu'à considérer la chose en elle-même, &
par sa valeur, il n'y a nulle comparaison à faire entre le Cœur &
l'Esprit; car je ne pense pas qu'il y
ait au monde des hommes capables de cette monstrueuse opinion,
que rien n'est plus malheureux que
d'avoir un bon cœur. Il est certain, & l'on n'en peut pas discon-
venir, que les gens tendres sentent
plus vivement que d'autres; & que
la vie étant pleine de tribulations,
ceux-là ont plus d'occasions de peines & de tourmens. Mais s'il est
vrai que les hommes sont créez
pour faire leur bonheur mutuel:
que peut-il leur arriver de plus malheureux selon les grands principes, que d'être privés de la seule

faculté qui les puisse rendre utiles & chers à la Société. D'ailleurs, pour ne pas sortir de ce point de combinaison, tout n'est-il pas compensé dans la vie ? chaque situation ne porte-t'elle pas ses dédommagemens avec elle-même ? Si nous sentons plus vivement que d'autres les peines & les malheurs de nos pareils, nous partageons à peu près dans la même proportion leurs joies & leurs plaisirs. Si nous sommes vivement affectés de leurs tribulations, nous éprouvons une consolation proportionnée, quand nous pouvons en adoucir l'amertume ou en diminuer le poids. Or dans quelque situation que l'on se trouve, il n'en est point qui manque physiquement de toute possibilité de se procurer cette satisfaction supérieure, à mon gré, à toutes celles que peuvent donner les événemens de la vie.

XXII. Quel cas en effet peut-on faire, quelle opinion peut-on avoir de ceux qui ne peuvent dire autre chofe d'eux-mêmes, fi ce n'eft *nos numerus fumus*, &c. Nous faifons nombre parmi les individus exiftans. Que fait réellement à la Société qu'il y en ait un de plus ou de moins ? c'eft l'efpéce des hommes qui eft précieufe au bien public. D'ailleurs peut - on être bien avec foi-même, lorfque connoiffant d'un côté les devoirs de fon exiftence, comme certainement on les connoît du plus au moins, on ne peut en même-tems fe rendre d'autre témoignage que celui que l'on vient d'emprunter d'Horace, auffi bon Philofophe fouvent qu'il eft toujours bon Poëte. Mais, qu'il foit permis fur ce témoignage intérieur de renvoyer à ce qui eft traité plus au long dans le difcours fur l'homme : l'on y y verra que le fentiment eft partout la bafe néceffaire du bonheur des humains.

XXIII. C'eft une loi générale dont il ne paroît pas qu'aucun état puiffe être excepté. S'il étoit poffible de parcourir toutes les conditions dans une gradation exacte depuis la houlette jufques au fceptre, cette vérité n'en feroit que plus clairement développée , & plus démonftrativement prouvée. Dans tous les états ordinaires, & qui ne donnent à un homme aucune infpection fur fes pareils, les devoirs de la Société, ainfi qu'on l'a indiqué , font indivifiblement liés avec le Sentiment ; & l'Efprit ne peut influer que fur la maniere de les remplir. Par rapport aux autres états, & faifant abftraction, & des obligations fondées fur le précepte, & des fecours furnaturels ; il en eft abfolument de même. Sans le Sentiment, le Militaire feroit dur aux inférieurs & cruel aux ennemis; le Magiftrat indolent dans fes fonctions feroit attendre la juftice à

ceux qui en reclament le miniſtére. L'homme d'Egliſe, inacceſſible
aux conſeils de la charité, ſe re-
fuſeroit aux affligeantes occaſions
de ſecourir ceux qui ont recours
aux conſolations ſpirituelles. Le Mi-
niſtre, ſourd à la voix des malheureux, & peu ſuſceptible de bonté,
réduiroit tout l'objet de ſa vocation à ſa ſatisfaction perſonnelle
& à ſa gloire particuliere, bien ou
mal entenduë. Le Souverain regar-
dant d'un œil égal tous les états
& toutes les conditions, & rappor-
tant tout à lui-même, croiroit que
ſes peuples ſont faits pour lui, &
qu'il ne leur doit rien. De-là combien de maux ne ſe répandroient
pas ſur la ſurface de la terre, &
quelle rapide ſubverſion n'arrive-
roit pas dans tous les ordres de la
Société générale des hommes? Enfin tout ce qui peut dépendre de la
perſuaſion; exige néceſſairement le
Sentiment, parce que l'on perſuade

mal ce dont on n'eſt pas convaincu ſoi-même. L'Eſprit ſurprend,
étonne, ſéduit; mais le Sentiment
ſeul perſuade & perſuade ſolide-
ment. Or rien ne prouve mieux le
prix du Sentiment que cette différence confirmée par les préceptes
des anciens Philoſophes & Rhe-
teurs : tous nous apprennent que
l'Eſprit ne ſuffit pas pour entraîner
& fixer les déterminations des hommes.

XXIV. Ce n'eſt cependant pas,
que dans les états qui mettent à
notre diſpoſition quelque portion
que ce ſoit du ſort de nos pareils,
l'Eſprit doive être réputé inutile,
& de nulle valeur. Il ſera utilement
employé quand il ſervira à faire valoir le Sentiment. Il faut naturellement plus de lumieres pour conduire, que pour être conduit. Il
faut être éclairé pour bien décider
& pour n'être point la dupe des
méchans, qui étouffant en eux le

fentiment, ont intérêt d'aveugler des Supérieurs pour les féduire, ou pour fe fouftraire à leur opinion. Sans lumieres le Militaire feroit des fautes fouvent irréparables, & d'une funefte conféquence. Le Magiftrat perceroit difficilement les ténébres, dont l'iniquité a coutume de s'envelopper. L'homme d'Eglife refteroit bien loin de l'objet & de l'étenduë de fa vocation. Le Miniftre feroit expofé à prendre des réfolutions dangereufes, & à donner à fon Maître de mauvais confeils. Le Souverain prendroit de faux partis, & ne fçauroit pas choifir fes Confeillers, & ceux entre les mains de qui doit néceffairement réfider une portion de fon autorité. Auffi n'ai-je point prétendu en donnant la préférence au cœur fur l'efprit, exclure celui-ci du concours qui lui appartient, & qui eft néceffaire en ceux fur qui roule quelque foin d'adminiftration

que

que ce soit ; ce seroit un grand in-
convénient que l'une ou l'autre partie manquât à ceux-ci : mais pour
le reste des hommes destinés à obéir,
je persiste à dire que s'il naît beaucoup d'inconvéniens essentiels du
défaut de sentiment, il en résulte
beaucoup moins du défaut d'Esprit. C'est ce qu'on avoit à développer.

XXV. Il ne suffit pas, pour former un parallele exact du Cœur
& de l'Esprit, d'avoir examiné l'un
& l'autre par la comparaison de
leurs effets, il faut encore les considérer du côté des objets sur lesquels ils s'exercent. Or on peut en
distinguer cinq espéces qui exci-
citent le Sentiment, ou ce qui est
la même chose, qui sont du ressort
du Cœur. L'Honneur, la Fortune,
les objets de charité, les droits de
la parenté, & ce qu'on peut nom-
mer indéfiniment attachement, con-
sidéré sous deux faces différentes,

C

Je n'examine pas ici jufqu'où la
difpofition des organes & du fang
influë fur la façon plus ou moins
vive de fentir; on peut juger de ce
que je penfe fur cette matiére par
les chofes que j'en ai dites dans mon
Difcours fur l'Homme. Mais il me
paroît que ces cinq objets font les
feuls qu'on puiffe regarder exclufi-
vement comme étant du reffort du
Cœur; c'eft-à-dire, qu'ils n'ont
pas befoin du miniftére de l'Efprit,
pour agir fur le Sentiment, ou pour
le produire. S'ils agiffent tous fur
le Cœur, il n'en faut pas conclure
qu'ils intéreffent également la bonté du cœur. Car on pourroit, par
exemple, abfolument parlant,
n'être pas fort fenfible à ce qui
touche la réputation, & cependant être acceffible aux mouvemens de la charité & aux droits
de la parenté & de l'amitié. Le premier genre d'Infenfibilité ne feroit
pas à la vérité pardonnable ; &

quoique les trois derniers objets qui intéreffent la bonté du cœur n'ayent pas néceffairement befoin pour agir, de l'amour de la réputation ; j'avouë pourtant, que comme les hommes font naturellement, foit par-amour propre ou autrement, jaloux de leur réputation, & que c'eft effectivement en eux un aiguillon pour faire le bien, je compterois beaucoup plus pour la folidité dans les trois derniers objets, fur le cœur de celui fur qui le Sentiment d'amour de réputation agiroit puiffamment. Mais il fera toujours vrai que l'un n'eft pas indifpenfablement néceffaire à l'autre. Parcourons ces cinq objets dans l'ordre que je leur ai donné.

XXVI. Il paroît que naturellement pour ainfi dire, & fans avoir befoin de ce qui appartient à l'Efprit, l'homme eft jaloux d'une bonne réputation, & qu'il a raifon de l'être. On eft flatté d'être eftimé

de ses pareils, & d'avoir de la considération parmi eux. Deux moyens
différens y conduisent, les talens
& la bonté du cœur. Pour le premier on appelle l'Esprit à son secours, & alors l'Esprit est simplement l'instrument du Cœur, quoiqu'ensuite, pour l'ordre de ses opérations, il ne dépende plus que de
lui-même, qu'il agisse indépendamment du Cœur qui lui a donné le premier mobile. Pour le second, le Cœur n'a pas besoin de
secours étranger, ni de sortir de
lui-même, & il se satisfait par les
œuvres de charité, & par ce qu'il
rend aux droits du sang, & par la
fidélité dans l'amitié.

XXVII. Il est donc aisé de concevoir pourquoi l'homme est si sensible au point d'honneur & à tout
ce qui peut attaquer sa réputation,
& pourquoi il n'y a point d'extrê-
mité à laquelle il ne soit prêt à se
porter, ou pour venger une injure,

ou pour se montrer pur aux yeux
de ceux devant qui la calomnie a
voulu le deshonorer. Le mépris est
pour lui le plus grand malheur
qu'il croye pouvoir essuyer. L'Esprit n'entre pour rien dans ce sentiment, qui pour se satisfaire, est
même souvent obligé d'imposer silence au raisonnement. En effet, si
l'on se porte à des extrêmités dangereuses, l'Esprit y a d'abord une
sorte de répugnance. Si les mesures
que la défense de l'honneur oblige
de prendre sont de nature à attaquer des Grands & des gens puissans, le raisonnement en dévelop-
pe les conséquences ; mais il se tait,
parce que le Cœur attaqué seul
dans une des choses la plus propre
à l'affecter, & qui est uniquement
ment de son ressort, meut toutes
les parties de la machine à l'objet
de la vengeance, ou aux soins de
confondre la calomnie.

XXVIII. Ce sentiment est mê-

me si étendu & si puissant, qu'il
ne se borne pas aux choses qui
peuvent attaquer la probité & les
autres qualités essentielles , & que
bien qu'on ne soit pas deshonoré, ainsi qu'on l'a dit, pour manquer d'esprit ; cependant le Sentiment , produit par la simple crainte , ou par l'opinion du mépris ,
se manifestera presque aussi vivement contre quiconque attaqueroit
l'homme dans cette derniere partie. Or quoique l'Esprit semble
être en ce dernier cas la partie directement intéressée , ce n'est cependant pas l'Esprit qui agit le
premier , ni qui excite le Cœur ,
c'est le Sentiment qui de lui-même
embrasse les intérêts de l'Esprit ; &
l'Esprit ne fait qu'agir d'après les
impressions du Cœur dans ce qu'il
peut avoir à opposer au mépris
qu'on a voulu faire tomber sur lui.

XXIX. Cette distinction & cette
espéce d'arrangement que l'on tâ-

che détablir entre les opérations du Cœur & de l'Esprit, peuvent, au premier coup d'œil, paroître ou trop subtiles, ou n'être qu'un jeu de l'esprit. Cependant il me semble qu'il n'y a rien de plus important à l'homme pour sa conduite, que de connoître aussi distinctement qu'il est possible, ce qui appartient au Cœur ou à l'Esprit, & l'étenduë des droits que l'un & l'autre exercent ou doivent exercer, afin de sçavoir duquel des deux il doit, dans l'occasion, écouter & suivre les conseils. Sans cela, il est certain qu'on pourroit s'égarer, en donnant trop ou trop peu à l'un ou à l'autre. En effet, il ne suffit pas pour être sûr d'avoir bien fait, d'avoir agi conséquemment aux mouvemens du Cœur, ou aux sensations de l'Esprit ; il faut sçavoir encore lequel des deux on a dû prendre pour guide & pour conseiller. Car, par exemple, pour ne pas s'écarter de ce premier objet que l'on traite, il eſt conſtant que le Sentiment ſeul peut porter trop loin, & que le Raiſonnement peut l'aider & l'éclairer pour fixer ſes effets. On donne ſouvent à une choſe plus d'attention qu'elle n'en mérite; on ne conſidére pas aſſez l'origine des choſes qui ont bleſſé, ou la valeur de celui qui a offenſé notre délicateſſe; & c'eſt-là la portion d'étenduë du Sentiment ſur laquelle le bon Sens s'exerce & répand ſes lumieres utiles. C'eſt ce qui ſera plus amplement développé dans la ſuite, lorſque l'on traitera particulierement de ce qui regarde le bon Sens.

XXX. Les intérêts de la Fortune forment le ſecond des cinq objets qui excitent le ſentiment. Et cet objet a deux parties oppoſées, je veux dire l'accroiſſement & la perte des biens, ou plûtôt de la fortune en général. C'eſt un des

points fur lefquels malheureufe-
ment le fentiment n'eft que trop
vif, parce que c'eft celui de tous
qui eft le plus lié avec les vices
les plus ordinaires à l'homme, je
veux dire la cupidiré & l'ambition.
Cependant l'homme eft fi en contradiction avec lui-même, que s'il y
en a quelqu'un qui ne fente pas
bien vivement l'accroiffement de
la fortune ; c'eft fouvent la fuite
de fes propres défauts, parce que
l'avidité qui porte ardemment à la
recherche d'un bien, rend moins
fenfible au fuccès. Cela paroît d'a-
bord contradictoire ; mais cependant, comme alors l'homme compare moins le fuccès avec le défir
dont il a été occupé, qu'avec la
peine & le tourment qu'il a effuyé
pour réuffir : cette façon de confidérer la chofe rend fon fentiment
beaucoup moins vif. Et c'eft ce
qu'on voit en beaucoup d'occafions,
pour peu que l'on veuille étudier

l'Homme avec quelque foin.

XXXI. Un coup heureux de fortune imprévû & inattendu ne manque pas de produire dans le cœur un fentiment vif, qui fe manifefte par une joie exceffive ; car elle eft ordinairement infenfée ; elle répand un tel aveuglement fur l'Efprit, qu'elle tient toutes fes opérations en fufpens. L'homme ne fent que fa joie, & ne la connoît pourtant pas lui-même ; car fouvent le premier moment ne lui permet pas de voir toute l'étenduë de fon bonheur d'opinion, & des avantages qu'il acquiert. On en peut juger par la trépidation active & paffive qui d'ordinaire, accompagne ces premiers inftans. N'y cherchez point d'opérations de jugement ; le faififfement du cœur l'emporte fur tout le refte, ou fi vous voyez alors quelqu'un qui foit capable de fensfroid & de réflexions, mettez-le au rang des Phénoménes les plus

rares. La joie immodérée eſt la
plus grande preuve que le bon Sens
n'agit point, car il avertiroit qu'un
bien inattendu, & qui peut s'éva-
nouïr auſſi rapidement qu'il eſt arrivé, ne doit pas exciter de ſi grands
tranſports.

XXXII. Cette même vérité ſeroit également utile dans les cas
de perte de fortune ; mais elle eſt
étouffée auſſi dans un moment où
l'homme eſſuye des revers qui oc-
cupent tout ſon ſentiment, & qui
abſorbent, pour ainſi dire, toutes
les facultés de ſon ame ; tout ſe
rapporte à ſa douleur. Le deüil qui
naît du malheur imprévû ſe peint
par-tout & l'emporte ſur toute autre impreſſion. La douleur ne raiſonne pas : quand elle eſt exceſſive
elle eſt muette ; mais elle eſt ſour-
de auſſi, & peu s'en faut qu'elle ne
ſe tienne même pour offenſée par
la moindre tentative du Raiſonnement, ou de l'Eſprit. De quoi ſont

effectivement capables ceux qui
font plongés dans la douleur de
quelque perte ? S'il eft quelque
moyen de la réparer ou d'y remédier, il ne naîtra pas du fein de
la douleur. Ce fera alors l'office de
l'Efprit, & communément ce fecours devra venir d'une main étran-
gére, jufqu'à ce que la douleur
(& c'eft ce qui arrive plûtôt dans
les uns, & plus tard dans les autres) foit affez calmée pour donner
entrée aux lumieres du raifonnement. Rarement une peine, quelque vive qu'elle foit en apparence,
eft auffi grande qu'elle le paroît,
quand elle eft accompagnée du raifonnement. Dès le moment que
l'efprit commence à agir, la blef-
fure du cœur eft à moitié guérie.

XXXIII. C'eft fur quoi cependant les hommes font rarement
jugés avec équité par leurs pareils.
Celui qui fe fait un point d'honneur
fouvent affecté de donner tout au

cœur , voudroit voir les regrets
mesurés au terme de la vie. Celui-
ci qui se donne pour Esprit fort, &
en qui ce n'est souvent qu'un artifice pour cacher son insensibilité
naturelle , blâme la douleur qui
passe l'instant de sa naissance. Il
peut y avoir bien de l'injustice
dans ces jugemens. Rien de plus
dangereux que de prononcer d'après
soi-même, lorsqu'on ne voit point
de signes certains qui caractéri-
sent un mauvais cœur, ou une foiblesse impardonnable. Mais pour
me renfermer dans l'objet dont il
s'agit, qui est la fortune, je dis
que la joie de son accroissement
ou la douleur de sa perte sont purement du ressort du cœur, que
l'esprit n'y intervient nécessairement que pour en fixer l'étenduë
& la durée, & qu'à ne considérer
que le sentiment en lui-même,
plus ou moins vif, il ne doit être
blamé que par la combinaison des

situations réelles où se trouve chaque individu qui ressent de la joie
ou de la douleur. Un homme dans
un grand besoin, ou dans une fâcheu-
se détresse, qu'un coup de fortune
releve, n'est point blâmable quand
il se livre à plus de joie que n'en
auroit raisonnablement un homme
qui ne feroit qu'acquérir une meil-
leure fortune. Celui , qui perdant
quelque chose de ce qu'il a , perd
le nécessaire, doit avoir sur ses malheurs un sentiment plus vif qu'un
autre. Ne demandons aux hommes
que d'être équitables avec eux-mêmes , & comptons avec eux &
avec les circonstances , avant que
de prononcer que l'Esprit est ve-
nu trop tôt ou trop tard à leur secours.

XXXIV. Parlons maintenant
du premier des trois objets du Sentiment qui intéressent ou qui carac-
térisent la bonté du cœur ; c'est-
à-dire, les devoirs de la charité, ou

l'efprit de commiferation. De
toutes les efpéces de fentiment,
c'eft, pour ainfi dire, la plus
refpectable ; & c'eft auffi la plus
étenduë, parce qu'elle porte fur
toutes les conditions malheureu-
fes. Tout aide à produire ce fentiment, & contribuë à le rendre
vif. S'il s'agit du récit d'une infortune, la peinture en eft ordinairement touchante, parce que la douleur eft éloquente. S'il eft queftion
d'un malheur dont les yeux foient
témoins, le fpectacle intéreffe &
faifit plus vivement tous les organes. Tout porte à la fenfibilité, &
le mouvement qui fuit naturellement cette impreffion, eft celui de
fecourir le malheureux. La commiferation ou l'efprit de charité tient
conftamment rang parmi les plus
excellentes vertus : elle eft édi-
fiante par elle-même, elle eft ad-
mirable pour le bien de la Société ; mais c'eft celle de toutes qui

m'étonne le moins. La nature nous intéreſſe pour nos pareils ; ce qui accompagne le malheur ou la diſgrace, n'a rien que d'attendriſſant, ainſi qu'on vient de le dire ; & je ne ſuis ſurpris que de voir ou de ſçavoir qu'il y ait des exemples contraires.

XXXV. On en peut être d'autant plus juſtement étonné qu'en même-tems que le ſentiment de commiſeration ſe produit indépendamment de l'eſprit, on doit convenir, que le raiſonnement péut fournir encore de quoi le faire naître ou le fortifier. Il ſuffit de ſe rappeller que les mêmes ſituations dans leſquelles nous voyons nos pareils, peuvent un jour nous devenir perſonnelles, & que ſi notre inſenſibilité nous a rendus inutiles aux malheureux, nous n'avons à notre tour aucuns ſecours à prétendre, bien que nos manquemens ne puiſſent ni ne doivent autoriſer

ceux

ceux des autres, nous n'avons cependant point à nous plaindre quand nous n'éprouverons que ce que nous aurons fait éprouver aux autres. Le raisonnement est donc un second aiguillon à la commisération ; mais à supposer que nous le puissions admettre en second, il ne faut jamais qu'il puisse être le premier mobile. Il rendroit cette vertu dont nous parlons, bien peu solide, puisque dès qu'elle ne seroit plus fondée que sur l'intérêt ou sur le respect humain, l'homme se refuseroit facilement à toutes les œuvres de charité cachées, qui sont cependant les seules pures & exemptes de tout soupçon. Mais ne portons pas cette réflexion plus loin ; elle feroit le procès à trop de gens, qui semblent ne faire d'œuvres de commisération, que comme on place, quand on le peut, de l'argent à un très-gros intérêt; & notre objet n'est point de faire des portraits

D

XXXVI. Les mouvemens que le cœur accorde à la parenté font de tous peut-être, ceux dont on peut le moins rendre raifon, & fur lefquels par une conféquence néceffaire, le raifonnement a le moins de droits. La preuve en eft que l'aveuglement accompagne prefque toujours ce fentiment. Plus la parenté eft étroite & directe, plus fa voix eft puiffante dans nos cœurs, fans que nous puiffions dire pourquoi, fi nous mettons à part les dégrés qui font objet du précepte divin. Un enfant refpecte fon pere. J'en fais bien la raifon ; il ne le connoît que par l'obeiffance qu'il lui rend, & par la crainte que lui infpire l'exercice continu d'une autorité, pour ainfi dire, abfolue. Mais un enfant aime fon pere : il eft vrai qu'on lui dit fouvent qu'il doit cet amour ; mais cela ne fuffit pas pour exciter ce fentiment. Il eft donc dans la nature même, & il eft en effet

mille exemples de fecrets preffen-
timens, & de voix intérieures qui
ont parlé aux cœurs, non pas peut-
être bien diftinctement, mais affez, ou pour conduire au triomphe de la nature, ou pour éloigner
ce qui pouvoit bleffer fes droits.

XXXVII. C'eft encore un mouvement purement naturel dans le
cœur, que l'amour des peres &
des meres pour les enfans. On les
aime par relation à l'union qui les
a produits, & parce qu'on fent qu'ils
font une portion de foi-même. On
travaille avec amour à leur confer-
vation ; on pourvoit de toute préférence à leur fubfiftance & à leur
fortune ; on ne fent point fur les
privations que tout autre individu
peut fouffrir, la milliéme partie
de la douleur qu'on éprouve fur
les befoins de fes propres enfans.
Leurs mauvais fuccès gravent le
défefpoir dans nos cœurs ; leurs
profpérités excitent en nous les

transports les plus violens de la
joie ; & dans tous ces mouvemens,
l'esprit n'est pour rien , quoique
de tous les sentimens qui peuvent
se produire dans le cœur , ce soit
celui , qui une fois né & existant,
reclame le plus souvent, pour se
satisfaire , le ministére de l'esprit.

XXXVIII. En effet ce ne seroit point avoir pour ses enfans
cette espéce d'amour, apanage ex-
clusif du cœur , que de les aimer
par l'esprit ou par le raisonnement, comme il y en a tant d'e-
xemples. On désire des enfans pour
ne point voir passer des biens con-
sidérables à des collateraux ; on
désire un fils , pour conserver sur
une même tête une fortune d'autant plus susceptible d'augmenta-
tion quand elle n'est point partagée , ou pour perpetuer un nom
auquel l'opinion des hommes a attaché un prix & une valeur. On
fonde sur cette lignée naissante des

idées de grandeur, d'ambition, &
de fortune, dont l'amour-propre,
sans se l'avouer à soi-même, est le
premier objet. Est-ce là aimer ses
enfans par cette inspiration naturelle dont on parle ? Non, c'est
avoir de l'esprit, sensé ou non,
& en faire l'application aux Sujets
que la nature a le plus rapproché
de nous.

XXXIX. Le sentiment se produit & se manifeste plus ou moins
vivement, selon les dégrés de la
parenté. Communément on n'aime point des collateraux aussi ten-
drement que des parens en ligne
directe; & dans l'ordre des collateraux, il y a encore des gradations
relativement à la proximité plus ou
moins grande. Dans les uns comme dans les autres, le sentiment
aveugle ordinairement le raisonnement : l'expérience presque générale fait la preuve de cette vérité. On se grossit à soi-même les

bonnes qualités de ſes parens ; on ne voit leurs défauts qu'en petit. On ſe prévient de bonne opinion pour eux , & c'eſt l'ouvrage du ſentiment qui n'eſt point éclairé par l'examen ; car l'examen & le raiſonnement ſont une ſeule & même choſe ; on n'examine point , que ce ne ſoit raiſonner , & l'on ne raiſonne point que dans la vûë d'examiner & d'approfondir quelque choſe. Cet aveuglement eſt une ſuite naturelle de l'attention que l'on apporte ordinairement à plaire à des parens de qui l'on attend ſa fortune ou ſon avancement. Ces attentions agiſſent trop puiſſamment ſur le cœur, quand on n'oppoſe pas une ſévérité raiſonnée à ce moyen preſque ſûr de ſéduction. c'eſt à peu près, & du plus au moins le même genre d'aveuglement qui accompagne l'attachement en général que nous avons établi comme le cinquiéme des objets qui n'ont pas befoin du miniftére de l'efprit pour agir fur le cœur.

XL. Si c'eft une chofe naturelle de répondre à l'amitié par l'amitié, on ne peut cependant pas dire que ce fentiment foit dicté par la Nature, parce que l'on ne naît ami de perfonne. On peut voir dans le Difcours fur l'Homme quels font les différens moyens par lefquels l'amitié fe produit. Il eft inutile de les parcourir ici de nouveau. Celle de goût, celle d'habitude, & celle qui naît de la reconnoiffance agiffent certainement fur le cœur fans que l'efprit ait befoin d'y concourir. Dans ces differens genres on n'a point raifonné quand on a commencé à aimer, & l'on a feulement fuivi le penchant le plus doux & le plus conforme à la conftitution de l'homme, fans y joindre aucune portion d'examen. Voilà ce qui caractérife clairement l'appanage du cœur. Or en ces trois genres d'attachement, il n'est que trop facile de tomber dans l'aveuglement. Tous les hommes ont chacun leur valeur, & il n'en est point, pour ainsi dire, de ceux mêmes qui en ont le moins, qui n'ait quelque ami, aveugle par conséquent, soit parce qu'on trouve suffisamment bon ce qui n'est pas meilleur que soi, ou parce que le goût l'emporte, ou parce que l'amour-propre empêche souvent de revenir sur ses pas, & obscurcit la lumiere du raisonnement.

XLI. Il faut excepter de cette regle générale le genre d'amitié qui est fondé sur l'estime, & qui se produit par elle. Comme elle est nécessairement raisonnée, on ne peut pas dire que ce sentiment soit indépendant de l'esprit. Un homme s'offre à l'amitié d'un autre, ou par simple hazard, ou par convenance. On examine la valeur de l'offre avant que de l'ad-

mettre ; on fait marcher le fentiment proportionément aux confeils de l'efprit & du raifonnement. Le cœur à la vérité fe donne fucceffivement ; mais ce n'eft,
pour ainfi dire, qu'après avoir dif-
puté le terrain Et en effet combien n'y a-t'il pas d'amitiés deve-
nuës folides , qui d'abord ont été
combattuës par des répugnances
que le cœur leur oppofoit. Il eft
donc fans aucun doute que celles-
là font l'ouvrage de l'efprit & du
raifonnement , parce que le cœur
ne raifonne point par lui-même. Il
fera feulement vrai , que quand
l'efprit aura achevé fon ouvrage ,
il pourra retirer fon miniftére , &
que le cœur feul fuffira à la folidité de ce qui aura commencé par
le raifonnement. Nous verrons
dans la fuite s'il ne devroit pas
toujours être admis à la formation
des nœuds de l'amitié. Cet examen
interromproit la fuite du parallele

que nous avons commencé.

XLII. L'autre genre d'attachement qui perd le nom d'amitié, &
auquel on a donné celui d'amour,
eſt plus qu'aucun autre du reſſort
du cœur excluſivement ; mais
pour être auſſi commun qu'il eſt,
ſon origine & ſes gradations ſont
peu connuës. La raiſon en eſt, que
tant qu'on en ſent les atteintes, on
ne raiſonne point ; & que quand
ſes impreſſions s'effacent du cœur,
on regarderoit comme tems perdu
celui que l'on donneroit à en rappeller la naiſſance & les progrès.
Je n'eſtime pourtant pas que cet
examen fût inutile pour apprendre
à l'homme à connoître ſon cœur.
Or peut-il être cenſé le connoître quand il n'a pas étudié & approfondi un des ſentimens qui a le
plus facilement & le plus naturellement entrée dans ſon cœur.

XLIII. La nature, conſidérée dans
la diſpoſition des organes qu'elle

nous donne, inspire aux deux sexes une propension inexplicable l'un pour l'autre, ensorte que le simple sentiment d'amitié se produira plus aisément entre deux personnes de sexes différens, qu'entre personnes du même sexe, & deviendra plus vif, sans mériter pour cela nécessairement le nom d'amour, dans l'idée que l'usage a attachée à ce mot. Ce n'est souvent qu'une amitié vive & tendre, où le commun des hommes suppose des intérêts plus particuliers. Et cette opinion, si elle avoit quelque fondement, ne le pourroit avoir que dans ce que l'on a dit de la disposition des organes. Mais on n'en doit pas conclurre que nécessairement la plus grande intimité, que l'on comprend sous le nom d'amour, doive se joindre au sentiment vif de la simple amitié. L'esprit a rarement part à la formation des liaisons qu'on nomme amour. Une person-

ne douée des avantages extérieurs
que peut donner la nature, produit
par le ministére des yeux une sen-
sation de plaisir. Des talens sédui-
sent par l'organe des yeux ou de
l'oüie : on veut voir ou entendre
souvent ce qui plaît, & l'on veut
plaire à son tour. Les attentions &
des complaisances deviennent les
ministres de ce désir de plaire ; &
comme rarement en amitié on re-
siste à l'empressement dont on est
l'objet, on se refuse difficilement
aussi dans l'autre genre d'attachement, aux témoignages qui flattent
l'amour-propre. Ainsi commence
ordinairement l'amour avec des
caractéres fort innocens, & fort
semblables à ceux de l'amitié.

XLIV. Si l'esprit n'est de rien
dans ces liaisons, il peut cependant ne contribuer pas peu à en res-
serrer & à en entretenir les nœuds.
Trouve-t'on de l'agrément dans la
conversation, de la douceur dans

la société, de l'enjouement dans l'esprit, de l'égalité dans le caractére, de la sensibilité dans l'ame ? La suite de cet examen est de chercher à bien mériter de la personne qui nous semble approcher le plus du point de perfection, & de s'y attacher par les liens les plus particuliers. L'amour-propre est flatté d'être l'objet de la prédilection & de la confiance qu'il a recherchée. Et de-là naissent ces liaisons intimes qui ne manquent souvent de durée, que parce que les sens surpris & trop écoutés ont aveuglé ; & que l'on a crû voir dans la chaleur de l'aveuglement des perfections qui s'évanoüissent quand on examine mieux. Aussi ne suis-je pas plus étonné d'en voir de durables que de passageres. Car je ne parle pas de ces attachemens prétendus, qui ne devant rien ni au cœur ni à l'esprit, ne sont qu'un témoignage malheureux de la fragilité & de la foiblesse humaine.

XLV. On auroit peut-être pû comprendre au nombre des objets du sentiment la peur, que l'on nomme communément poltronerie ; mais c'est un sentiment si peu défini dans son principe, & qui naît de tant de causes différentes, qu'il m'a paru plus convenable d'en faire un article séparé. On indique ordinairement deux sortes de poltroneries, celle du cœur & celle de l'esprit, quand on distingue deux sortes de courages. Mais cette distinction me semble obscure, & ne m'a jamais paru bien exacte, hors quelques cas particuliers qui ne suffisent pas pour établir une regle. La poltronerie en général est une disposition à craindre légerement, & sans examen, toutes sortes de dangers. La suite de cette disposition est d'éviter l'occasion où l'on présume qu'il y a du risque, ou de s'en retirer à quelque prix que ce soit, quand on n'a pû le

prévenir. On sçait bien que quand
cette difposition eft contraire au
devoir, il y a du deshonneur à la
fuivre ; mais cela feul ne dévelop-
pe pas affez le principe pour faire
appercevoir fi c'eft le cœur ou
l'efprit qui font les acteurs princi-
paux dans cette fituation.

XLVI. Je crois que fi nous pou-
vions lire dans le cœur de ceux
qui ont eu le malheur de manquer
de courage, nous n'en trouverions
aucun qui fût poltron naturellement. La poltronerie n'eft point
une difposition qui naiffe avec nous ;
elle me paroît abfolument de confeil, ou plûtôt d'habitude. En effet, quelque difposition qu'un enfant ait apportée en naiffant, fi on
l'a accoutumé à craindre tous les
hafards, il fera certainement un
poltron, lorfqu'il fera en âge de fe
décider par lui-même. Celui-ci au
contraire à qui on aura dit qu'il ne
faut jamais craindre, & que l'on

aura successivement familiarisé avec l'appareil effrayant du danger, ne le redoutera pas, & ne peinera même pas beaucoup à suivre la voix de son devoir, quelqu'hazardeux qu'il puisse être. Nous ne sommes donc ordinairement à cet égard que ce qu'on nous fait être. Dès-lors on peut conclurre, que le courage comme la peur sont moins un sentiment du cœur ou une opération de l'esprit, qu'une impulsion de la machine, qui se détermine d'un côté ou de l'autre par l'habitude. Et cela est si vrai, que celui, qui dans un premier essai de péril n'aura remporté sur lui que la victoire de ne pas fuïr, devient brave, même tranquille, par l'usage de se trouver dans des occasions dangereuses.

XLVII. Le sentiment peut produire une bravoure indépendante du raisonnement, lorsque par exemple il s'agira de défendre quelqu'un

que l'on aimera, ou à qui l'on devra de l'attachement. Les images
préfentées par l'efprit, cedent aifément alors au fentiment vif qui
occupe le cœur. Le fentiment le
plus fort l'emporte & détermine
l'action. Il faut encore ajouter ici
qu'il y a cette différence entre la
peur & le courage, que la peur ne
peut jamais naître du raifonnement, & que le courage peut être
raifonné. En forte que malgré les
répugnances du cœur, l'efprit peut
décider à la bravoure d'action. En
effet, lorfqu'on réfléchit fur l'opinion des hommes, fur le prix de
l'honneur & de la réputation, fur
les vûës d'une jufte ambition ; enfin fur le grand nombre de gens
qui échapent aux plus grands dangers, & fur le peu qui y fuccom-
bent ; il n'eft pas douteux que toutes
ces réfléxions n'éloignent de la peur
& qu'elles peuvent fuffire pour décider le courage. Il fe peut feules

E

ment que ce genre de bravoure
étant pour ainsi dire forcé, n'aura
pas les mêmes avantages que celle d'usage & d'habitude. Mais ce
que l'on vient de marquer suffit
pour démontrer que la peur ne
peut naître du raisonnement. De
ce qu'il y a, à ce qu'on prétend, un
courage d'esprit, je n'admettrai
point qu'il puisse y avoir une peur
d'esprit, parce que les qualités aus-
quelles on attache cette idée ne sont
pas originaires de l'esprit, & qu'en
cela on confond l'effet avec le principe. Un homme, dont l'esprit dans
les occasions difficiles ne se trouble
pas, ou qui est capable d'enfanter des
projets hardis, est censé avoir du
courage dans l'esprit. C'est une fausse
définition. La vraie sera, que cet
homme aura du courage dans le
cœur, & en même-tems beaucoup
d'esprit; car je pense qu'il faut l'un
& l'autre, & qu'un poltron ne sera pas ordinairement capable, mê-

me avec beaucoup d'efprit, de concevoir des chofes hardies & hafardeufes. On ne fe dépouille pas, & on ne s'oublie pas aifément dans ce que l'on produit. L'homme porte en tout genre de chofes les défauts de fon cœur comme ceux de fon efprit. Mais pour juger fainement fur cela, il ne faut pas s'en tenir à une feule épreuve, parce que l'homme peut une fois faire un effort fur lui-même & fur fes propres foibleffes, & que ce n'eft qu'en l'obfervant de fuite qu'on peut le bien connoître.

XLVIII. Après avoir parcouru les differens objets qui font du reffort du cœur, il paroît néceffaire de parcourir de même les différentes époques de tems fur lefquelles le Sentiment s'exerce. Il y en a trois, parce que la révolution des tems n'en admet pas davantage. Le paffé, le préfent, & l'avenir. Et comme l'efprit, ainfi qu'on l'a

vû, peut influer plus ou moins sûr
les cinq objets dont l'on vient de
traiter, il a aussi plus ou moins d'influence sur les différentes époques
dont on a parlé.

Le sentiment de douleur & de
satisfaction sur les choses, & celui
d'estime & de mépris pour les personnes, sont les seuls que l'on puisse
imaginer qui agissent sur ce qui est
passé. Car les choses indifférentes
peuvent revivre par le ministère
de la mémoire, sans intéresser le
sentiment. La mémoire, à la vérité, est une opération nécessaire
pour rendre présens les objets éloignés; mais dans l'ordre des choses
intéressantes, c'est le sentiment plus
ou moins vif qui fait plus ou moins
mouvoir les ressorts de la mémoire. On oublie aisément une médiocre peine, & une légére satisfaction. Quand le sentiment n'a pas
été fortement affecté, les traces
dans le cerveau s'effacent plus fa-

cilement, & renaiſſent avec plus
de lenteur. Les plus grandes joies
& les douleurs les plus vives ſur
les choſes éloignées n'ont pas elles-mêmes une action continuelle ;
les intervalles peuvent être plus
courts, & les moindres images mé-
diates ou immédiates peuvent ſuf-
fire pour réveiller le ſentiment ;
mais il eſt conſtant, que de tems
en tems le ſentiment ſe repoſe. Selon la differente nature des objets, ſi
l'eſprit a concouru avec le ſentiment quand ils ont été préſens, il
reprend ſes mêmes droits & ſes
mêmes fonctions, quand ces objets
ſe retracent ; & il agit, quoique peut-
être avec moins d'activité, dans le
même ordre, ſuivant lequel il avoit
agi. Mais on peut dire, & l'on doit
penſer que c'eſt le ſentiment qui
ouvre les traces du cerveau & qui
remuë les reſſorts de la mémoire.
Ce ſentiment de ſouvenir eſt conſ-
tamment moindre, ſi dans l'inter-

valle du tems quelque chose d'intermédiaire a été de nature à adoucir de premieres amertumes, ou à troubler des sujets intérieurs de satisfaction. Nous ne nous portons pas volontiers à la douleur ; & pour peu que les événemens ayent offert quelqu'objet de satisfaction, nous l'embrassons de préférence, & nous ôtons d'autant au sentiment de peine, pour donner au sentiment opposé. En général, quoique dans les sujets de joie ou de douleur, il y ait certainement des dégrés, cependant l'ordre du tems influë beaucoup sur l'étenduë du sentiment, parce que les dernieres impressions sont toujours les plus fortes & les plus agissantes. Les objets les plus rapprochés de nous & de notre tems sont toujours les plus puissans : c'est ce qui fait que les gens extrêmement occupés, supportent plus aisément la douleur, & sont moins extravagans dans la joie, parce qu'ils ont dans leur intérieur une diversion continuelle, qui sans éteindre le sentiment, en émousse, pour ainsi dire, les pointes.

XLIX. La même chose arrive aussi en ce qui regarde le sentiment de mépris ou d'estime, produit par des faits passés. On n'est pas sans interruption, occupé de l'un de ces deux sentimens pour quelqu'un. Mais il suffit qu'il s'offre à nos yeux, ou que nous entendions des choses qui nous en rappellent le souvenir, pour que le sentiment ne tarde pas à se réveiller. Alors il est vraisemblable que c'est l'esprit qui agit le premier, & qui ouvre les voyes du sentiment. Et c'est une des circonstances qui constitue la différence du sentiment sur les choses inanimées, d'avec celui qui a pour objet les êtres animés. Les uns portent directement au cœur. Les autres rap-

pellent certaines combinaisons comme des ministres néccessaires pour
exciter le sentiment. Il en est à peu
près de même de la haine & de
l'amitié. On ne hait pas ou l'on
n'aime pas sans quelque motif bien
ou mal fondé ; & le raisonnement
donne, en quelque maniere, la mesure de cette espéce de sentiment,
qui a de même ses intervalles, ainsi
que les autres affections dont on
vient de parler. Mais, selon le motif de ce sentiment de haine ou d'a-
mitié, il se fait dans l'intérieur de
l'homme des opérations, ordon-
nées différemment l'une de l'autre.
Si l'on hait quelqu'un pour quelque vice inherent que l'on ait an-
ciennement connu en lui, le souvenir seul de la personne suffira
pour faire renaître le sentiment qui
a reposé. Si au contraire la haine
est née de quelque mauvaise action passagere, il faudra, pour donner au sentiment toute l'étendue

qu'il doit avoir, que l'idée & le détail de la caufe de ce fentiment fe repréfentent à l'efprit, dont on peut dire qu'alors le miniftére eft néceffaire.

L. Il y a des gens qui oublient plus ou moins aifément le bien ou le mal, ou qui paffent facilement de l'eftime au mépris, & reciproquement, fans aucune raifon intermédiaire. Dans le premier cas, ce feroit fauffement qu'on voudroit s'en prendre à la mémoire. Comme elle n'agit qu'en fecond ordre, ce n'eft point elle qui eft le principe de l'oubli; mais le fentiment, qui fe gravant moins profondément, eft plus facile à s'effacer, & renaît plus malaifément. La mémoire n'eft point d'efpéce à donner la mefure au fentiment. Elle en reçoit l'ordre pour ainfi dire. C'eft une chofe déteftable d'oublier un bien-fait : cet oubli eft l'opprobre du cœur. L'oubli d'une offenfe eſt digne de grands éloges ; mais l'eſprit peut bien en revendiquer une partie, parce que ſans eſprit, on eſt rarement capable d'un auſſi grand effort ſur ſoi-même.

A l'égard de ceux dont le cœur ſemble errer entre l'eſtime & le mépris, c'eſt toujours faute d'avoir ſuffiſamment employé le raiſonnement dans la naiſſance de l'un de ces deux ſentimens. Car une eſtime raiſonnée ou un mépris réfléchi, ne ſont point facilement ſujets au changement, parce qu'alors le cœur & l'eſprit, qui que ce ſoit des deux qui ſoit le premier acteur, ſe fortifient l'un par l'autre, & s'aident réciproquement à être & à demeurer d'accord.

LI. Je ne ferai que renvoyer par rapport au ſentiment ſur les choſes préſentes, à ce que j'ai dit à l'occaſion des cinq objets, qui ſont du reſſort du cœur ; on y a vû comment le ſentiment s'exerce , ſoit

avec le raifonnement, ou indépendamment du raifonnement. A l'é-
gard du fentiment qui agit provi-
foirement fur les chofes à venir,
il eft fufceptible de diftinctions &
de réflexions affez étendües. Le
premier principe général, que l'on
croit pouvoir établir, eft que le
raifonnement qui ne fe joint pas
toujours indifpenfablement au fentiment dans les chofes prefentes,
concourt néceffairement dans cette partie de l'action du fentiment
fur les chofes à venir, & que l'on
fent plus ou moins vivement d'a-
vance, proportionnément au développement des lumieres de l'efprit. Il eft vrai pourtant que le fentiment anticipé, quelque vif qu'il
foit, ne le peut jamais être autant
que fur les chofes prefentes ou
paffées. Les images des chofes qui
ne font point encore advenües ne
font ni fi frapantes, ni fi faififfan-
tes. On ne voit qu'à travers une

eſpéce de voile : & d'ailleurs comme la combinaiſon des circonſtances où les événemens ſe placent, influë beaucoup ſur la ſenſation qu'ils produiſent, on a de moins, dans l'ordre des choſes qui ne ſont que prévûës, le dégré de ſenſibilité qui naît de cette combinaiſon dont on vient de parler.

LII. Or pour me renfermer dans le principe général que j'ai établi, il n'eſt pas douteux que tous les hommes ne prévoyent point les événemens à venir dans la même étenduë ni de la même maniere, parce que cette prévoyance eſt du miniſtére de l'eſprit, & que le cœur ſeul n'a pas la faculté de prévoir. De-là ſuit l'impoſſibilité, que les hommes ayent ſur les mêmes objets à venir la même force de ſentiment. Les hommes ſont même en ce genre ſi diſſemblables les uns des autres, que le même objet qui ſera pour l'un un ſujet de joie, ſera

pour l'autre une matiere de frayeur,
parce que les hommes envisagent
toujours les choses sous des faces
différentes. Il n'y a que deux fortes de sentimens qui puissent, par
le ministére de la prévoyance, an-
ticiper sur la réalité des événemens.
Celui de crainte & celui d'espérance ; car je ne suppose pas de sentiment défini dans ces occasions
de combats entre l'un & l'autre,
où ces deux sentimens se balancent
en quelque maniere, & finissent
souvent par rester indécis. Le sentiment en ce genre ne peut pas naître, que l'esprit n'ait porté au cœur,
les sensations de son affection ou
de son action intérieure. Le cœur
alors s'affecte donc plus ou moins
selon que l'esprit a plus ou moins
développé les raisons de craindre
ou d'esperer. Quand le cœur les a
adoptées, ce qui se fait par le simple sentiment, ce sentiment acheve
de recevoir son dégré d'activité, de

la nature de l'objet craint ou es-
peré. Il me semble que cette premiere action de l'esprit sur le cœur
ne se peut mieux peindre, que par
la comparaison d'une personne,
qui pour en détourner une autre
d'une résolution, lui en presente
les inconveniens par tout ce qui
peut saisir le sentiment. Plus il sera
énergique dans ses peintures antici-
pées, plus il sera éloquent, & plus
le triomphe de la persuasion sera
certain. La ressemblance de cette
influence d'un homme sur les autres s'opere tous les jours en nous
sur nous-mêmes. Si nous sommes
éloquens, & abondans dans la peinture des images de l'avenir, notre
sentiment sera vif, & nous crain-
drons ou espererons avec ardeur &
avec vivacité.

LIII. On craint, comme on espere des événemens intéressans pour
l'honneur, ou pour la fortune. On
craint les revers, ou l'on espere la

prosperité de ses parens ou de ses
amis ; on prévoit les objets propres
à exciter le ministere de la charité. Enfin on craint pour sa propre
conservation & pour sa vie. Tel
est le détail des objets entre lesquels se promene le sentiment de
crainte & celui d'espérance. Et le
cœur, après avoir été déterminé
par l'esprit sur ces différens objets prévûs, agit à peu près comme il feroit s'ils étoient presens.
C'est ce que j'ai développé. Mais
il y a cette différence, que comme
le sentiment est, ainsi qu'on l'a déja dit, moins vif sur les choses à
venir, l'esprit conserve aussi plus
de facilité pour se rectifier, & pour
bien conduire le cœur par cette
portion de lui-même, que je nomme bon sens : en sorte que la joie
d'un événement prévû sera moins
insensée ; & que de même, si un
avenir que l'on craint est susceptible de quelque remede propre à le

prévenir, ou à en diminuer l'amertume, on y réuffira plus aifément
qu'à remédier à un mal arrivé &
non prévû. C'eft ainfi qu'un combat prémédité peut fe conduire par
regles & par principes, au lieu qu'u-
ne furprife fe redreffe difficilement
fans des hazards heureux.

LIV. L'efprit ne fait donc point
naître le fentiment fur les chofes à
venir; mais c'eft l'efprit qui donne
la mefure à cette opération du
cœur, & qui détermine le dégré
de vivacité du fentiment, toujours
cependant en proportion avec la
difpofition innée dans l'homme de
fentir plus ou moins vivement. Or
cette difpofition eft affez difficile à
développer & à expliquer. Pour
moi il m'a toujours paru, que comme le dégré de vehemence de la
plûpart des paffions dépend beaucoup de la difpofition des organes,
& de l'activité du fang & des liqueurs, l'un & l'autre devoit influer

fluer auſſi beaucoup ſur le ſentiment dont on parle ici. Sans cela
je ne trouve point la raiſon pourquoi deux hommes, penſant également ſur une choſe du reſſort du
ſentiment, pourroient avoir un dégré de ſenſibilité tout-à-fait diffé-
rent, comme l'expérience nous en
fournit des exemples. La même
image n'operera pas également ſur
les hommes. Le récit d'un malheur
arrivé, ou la peinture d'un accident prévû ne les affectera pas également. L'un s'émeut aiſément ;
l'autre conſerve plus de ſens froid.
Dès que nous ſuppoſons égalité
dans les principes, d'où cette différence peut-elle venir, ſi ce n'eſt
de la diſpoſition différente des organes ? Ainſi je crois que la nature des temperaments eſt à beaucoup
conſidérer, & que nous devons à
la diſpoſition machinale principa-
lement, la maniere de ſentir, ſans
que pour cela nous puiſſions être

F

cenfés rien perdre du mérite du fentiment qui nous détermine à des actions loüables. Cette efpéce d'organifation eft même telle quelquefois, qu'elle nous conduiroit trop loin, fi elle n'étoit arrêtée par les confeils du bon fens, comme nous le verrons dans la fuite. Cette difpofition naturelle qui ne nous porteroit pas à la fenfibilité, ne feroit cependant pas l'excufe de celui qui manqueroit à ce que le fentiment doit dicter dans les chofes fur lefquelles il y a des préceptes fixes d'amour & de charité, aufquels on ne peut jamais être excufable de manquer. Or, comment entre nos pareils pourrions-nous juger du dégré de leur fenfibilité, ou du fentiment qui agit en eux, fi ce n'eft par les œuvres louables que le fentiment produit? autrement ce feroit vouloir juger de l'efprit de quelqu'un qui n'auroit jamais rien écrit, & qui ne parleroit pas. Mais cette partie des devoirs de l'homme a été traitée assez amplement dans le discours sur l'homme, & il n'est question ici que d'un paralele qui puisse développer les opérations des trois facultés qui font la matiere de cet ouvrage.

LV. L'Esprit est une faculté de nous-mêmes, dont la premiere opération est de percevoir les idées simples qui se presentent à lui, & de développer les idées compliquées pour les comprendre, ou les faire comprendre distinctement. Cette premiere opération de l'esprit est suivie ou accompagnée de deux autres, dont l'une est passive, je veux dire la mémoire, & la seconde active, qui est le jugement ou le bon sens, troisiéme objet du Paralele que nous avons entrepris. Cette premiere opération, qui a deux branches, varie pour l'étendüe & pour la facilité dans tous les hommes. Il n'en existe pas deux

dans la nature, qui perçoivent également une idée simple, ou qui
ayent une égale aptitude à développer une idée compliquée.

LVI. Cette faculté est dans une
si grande dépendance de l'organi-
sation de la machine, qu'il y auroit de l'injustice à vouloir faire
trop de mérite, ou de démérite à
celui qui auroit à cet égard plus
ou moins d'avantage. C'est ainsi,
que bien qu'on soit né avec cette
faculté, on n'en jouit, & l'on n'en
peut faire usage, que quand les organes ont pris par l'âge une certaine force, & que de même l'état
d'une extrême vieillesse, quand elle
donne aux ressorts, ou trop de re-
lâchement, ou trop de roideur,
nous retranche une partie des avantages dont nous avons jouï dans
la force de l'âge. Les yeux du corps
ont dans chacun des hommes différens points de réunion des rayons
visuels. Le tympan de l'oreille re-

çoit plus ou moins sensiblemen
l'impression des sens. Il en est ab
solument de même de la disposition
intérieure des fibres du cerveau,
& de la qualité des liqueurs qui y
circulent. Il faut donc aux uns plus
de tems, à d'autres moins pour
percevoir distinctement une idée
simple, ou pour développer une
idée compliquée. Dans l'ordre de
la jeunesse, les perceptions sont
prématurées ou tardives. Un temperament foible, ou mal consti-
tué influë sur cette portion de l'esprit, une circulation lente du sang
& des liqueurs, rendra lente aussi
cette premiere opération dont je
parle. Un temperament vif & ar-
dent saisira promptement les idées,
& peut-être trop rapidement pour
l'honneur du bon sens. Dans l'un
comme dans l'autre, ce sont des défauts entre lesquels il seroit difficile de définir celui qui seroit plus
ou moins à craindre, parce que

cela dépend des objets aufquels l'application fe fait. C'eſt ce qui fait encore, que les états de maladie ou d'infirmité prennent ſi ſenſiblement ſur les opérations de l'eſprit, & en altérent les facultés, que l'on voit reprendre leur reſſort, à meſure que les accidens du corps diminuent, & ceſſent enfin entierement.

LVII. Il faut donc plaindre ſeulement, & ne pas blâmer ceux en qui la nature a placé quelqu'une de ces diſpoſitions, dont les effets ſont nommés défauts. L'humanité en eſt aſſez humiliée, quand elle entre de bonne-foi en comparaiſon avec ceux que la nature a traités d'une maniere plus propice. C'eſt beaucoup pour les hommes, s'ils ſçavent ſe faire juſtice, & travailler autant que cela ſe peut à ſuppléer par l'art à ce que la nature a pû leur refuſer. Voilà où réſide vraiment le mérite; c'eſt-à-dire, ce qui eſt digne de louange.

Considérant donc l'esprit simplement comme la faculté d'acquérir ce que communément on appelle ainsi, il est indubitable qu'ordinairement l'homme naît avec tout l'esprit qu'il peut avoir un jour ; & qu'après cette disposition premiere, source des différens dégrés qu'on voit en ce genre parmi les hommes, la différence dépendante de l'art, qui se remarque entre eux, vient des soins plus ou moins grands que l'on donne à la culture de l'esprit. Car bien que, suivant ce que l'on a établi, la paresse ou l'activité de l'esprit ait son origine dans la disposition de la partie animale ; cependant il est vrai que l'usage d'opérer peut développer les dispositions qui constituent l'esprit, & l'on en sera convaincu, pour peu que l'on veuille y réfléchir. Tout ouvrage de méchanique perd par le non-usage, comme il périt par l'excès d'usage, ou par

le défaut de méthode dans l'u-
fage.

LVIII. Celui que l'on n'aura
pas de bonne heure accoutumé à
réfléchir, ou à faire ufage de fon
efprit, confervera une totale inap-
titude à s'en fervir. Il n'aura que
ce genre d'efprit naturel, qui dé-
nué de toute connoiffance, ne fe
manifeftera que dans les fortes de
chofes communes, où la faillie fuffit pour plaire. Tout travail de
combinaifons lui paroîtra farouche
& fatiguant ; & s'il veut s'y effayer
férieufement, il y réuffira moins
bien que celui qui fera né avec
moins de difpofitions, mais qui les
aura fçû cultiver.

Si l'efprit, faute d'exercice, n'acquiert aucune fagacité : d'un autre
côté fes pointes s'émouffent, fi
l'on en ufe avec excès. C'eft ce qui
arrive, ou par la multiplication des
objets, que l'on offre à l'efprit, &
qui produifent de la confufion dans

les traces du cerveau, ou par le
choix des chofes difproportion-
nées, qui portant à une conten-
tion trop grande relativement à la
force & à la confiftance actuelle
des fibres du cerveau, les ruinent
& les mettent dans le cas de fon-
dations, qui écroulent fi on les
charge d'un poids plus confidérable qu'elles ne le peuvent porter.
Ainfi voyons-nous dans les éduca-
tions de ces fruits précoces qui
faififfent d'admiration ; mais dont
le fort eft, ou de refter imparfaits,
proportionnément à un âge plus
avancé; ou faute de nourriture de
l'arbre épuifé, de tomber auffi prématurément qu'ils font venus.

LIX. Il eft encore une autre
caufe de cette confufion dont on
vient de parler, & cette caufe, c'eft
le défaut de méthode dans la maniere de prefenter les objets difficiles ou non en eux-mêmes. La
nature, fupérieure dans fes perfec-

tions à tout ce que l'art peut enfanter, nous a faits avec une difpofition machinale à comprendre
plus facilement les idées fucceffi-
ves & conféquentes l'une de l'autre, enforte qu'abftraction faite
des difficultés inhérentes aux objets préfentés à l'efprit, il y a
un ordre à obferver dans la maniere de les préfenter, qui en rend
l'intelligence plus facile. C'eft ce
qui fe remarque par exemple dans
l'ordre qui a été mis par des Auteurs fenfés, entre les différentes
propofitions de Géométrie. Il y
en a qui ne fe peuvent comprendre diftinctement, qu'en fuppofant
la démonftration de quelques autres. Si l'on veut fubvenir cet arrangement, que le bon fens a ima-
giné, l'efprit même, fupérieur par
fes difpofitions naturelles, échouë-
ra à ce que comprendra fans peine un efprit médiocre conduit par
les lumieres de la méthode. Et réel-

lement un homme confus dans fes
idées fera rarement capable d'inf-
pirer de la netteté à un autre. C'eft
par cette même raifon que la plûpart des découvertes fe font faites
fucceffivement & par gradation de
difficultés, parce que d'une chofe
l'efprit a conduit à une autre, en
vertu de cette difpofition naturelle
que l'homme a pour les opérations
conféquentes.

LX. Pour fuivre en ce qui a
rapport à l'efprit, la méthode qu'on
a obfervée en traitant du fentiment, il s'agit de connoître quelle
eft la nature des objets qui font
uniquement du reffort de l'efprit.
Il y en a de deux efpéces, les uns
font de pur amufement, les autres
ont un point de vûë d'utilité, réelle
ou préfumée. Il feroit bien difficile
de définir ce qui détermine le
choix des chofes fur lefquelles l'efprit s'exerce. Autant qu'il y a
d'hommes exiftans, autant il y a

d'efprits différens, non-feulement
par rapport à l'étenduë, ainfi qu'on
l'a dit ; mais encore par rapport
au goût pour les divers objets d'oc-
cupation ou d'application. Le hazard préfide beaucoup au premier
effai que chacun fait de fon efprit ; & l'ufage, accompagné de
quelque fuccès, détermine l'efprit
par le concours de l'amour-propre
à une chofe ou à une autre. Les
premieres épreuves que l'on fait du
génie des enfans, à qui les parens
peuvent donner quelqu'éducation,
fe portent fur les connoiffances des
Belles-Lettres. Et cette méthode
eft, il en faut convenir, affez fenfée généralement parlant : non que
tous ceux qui commencent par-là
foient deftinés à fe renfermer dans
ce cercle des Belles-Lettres, mais
parce qu'il eft queftion d'abord de
développer l'Efprit, en l'accoutu-
mant de bonne heure à l'ufage d'o-
pérer, & que ce développement

aide à réuſſir enſuite en quelqu'é-
tat qu'on ſe trouve. Ce ſeroit cependant un abus que de vouloir
faire de cette méthode une baſe
générale ; & beaucoup de gens
commencent mal-à-propos par des
études de Latinité ou de Belles-
Lettres , qui devroient commen-
cer par des choſes homogenes à
l'état, auquel ſouvent dès leur naiſſance, pour ainſi dire, ils ſont deſ-
tinés. L'étude de la Latinité & des
Lettres n'eſt pas le ſeul moyen
qu'il y ait de développer l'eſprit.
Il y en a d'autres ſans nombre,
parce qu'il n'importe en général
par quoi l'eſprit s'aſſoupiſſe, & ſous
quel nom on l'accoutume à s'e-
xercer.

LXI. S'il y a des gens, qui au
ſortir des premieres études , s'attachent méthodiquement à des objets utiles pour la Société, il y en
a d'autres, ou qui ſe livrent à des
choſes de pur amuſement, ou qui,

par la maniere dont ils s'appliquent à des objets qui pourroient être utiles à la Société, n'en font que des objets de satisfaction intérieure, dont rien ne retourne au bien public. Et cette espéce de gens ne connoît guéres ordinairement d'autre opération seconde de l'esprit que la mémoire, ce qui ne constituë alors que des esprits fort imparfaits.

Le monde est plein de gens, ou qui ne cherchent qu'à se rendre amusans dans le cours ordinaire de la Société; ou qui, dans le fond de leur Cabinet, ne songent qu'à s'amuser. Et c'est de quoi souvent on fait trop de cas, pour qu'il soit possible d'en faire suffisamment de ceux qui tournent leurs connoissances à l'utilité publique; car ceux-ci sans doute méritent une grande préférence & une grande supériorité d'opinion. Or l'opinion a ses bornes comme toute autre chose,

enſorte que ſi elle ſe porte exceſ-
ſivement d'un côté, elle ne ſe por-
tera pas ſuffiſamment où elle devroit aller de préférence. S'il n'eſt
pas douteux que rarement un homme excelle dans un genre, que ce
ne ſoit en diminution ſur les autres
choſes : il eſt aiſé de conclurre,
que difficilement un homme aura
donné une entiere préférence aux
choſes d'amuſement, ſans avoir né-
gligé les objets ſolides ; parce que
ſi l'eſprit, comme on l'a dit, eſt
capable de bien des choſes ; il n'eſt
cependant pas propre à tout.

LXII. Un homme aura fort
bien lû & retenu les Auteurs Grecs,
Latins & François, pour me renfermer dans ma propre Nation. Un
autre aura du goût pour la verſifi-
cation. Quelques-uns auront à la
main le langage des Romans bien
écrits. D'autres ſçauront fidélement
des traits curieux de l'Hiſtoire an-
cienne. Il en eſt qui ſont doués de

talens pour la Musique, pour la
Danse, pour les différens jeux in-
troduits & reçûs dans la société.
Plusieurs sçauront ce qui a été dit
dans les siécles précédens sur les
matieres de Géométrie, de Physi-
que, de Religion. Quelques-uns,
amateurs de voyages, auront l'esprit rempli de toutes les circonstances vraies ou fausses des mœurs,
coutumes & usages de toutes les
Nations de la terre les moins connuës. Chacun même de ceux dont
on vient de parler, sçaura entretenir dsiertement les autres de ces
différentes matieres. De tels hommes pourront être fort amusans.
L'attention & les applaudissemens
se réuniront en leur faveur. Ils seront fêtés, & l'on tiendra communément à bonheur d'être liés de société, & même d'amitié avec eux.
Mais ôtez-les des occasions de faire parade de leur marchandise,
souvent fort confusément rangée,

où

ou de médiocre alloy en elle-même : vous ne trouverez plus qu'un livre fermé, bien relié, & propre uniquement à faire l'ornement d'une Bibliotheque de simple parure. Ou bien demandez-leur sur quelque chose le conseil souvent le plus simple, ils seront muets. Cependant dira-t'on, ce sont des gens d'esprit. Qu'est-ce donc que l'esprit, si c'est en avoir que de ressembler à quelques-uns de ces portraits.

LXIII. On est encore plus souvent & plus aisément trompé à ces fausses & séduisantes apparences, quand on voit de ces espéces de gens, nommés par honneur des Bibliotheques vivantes, citer à propos à ce qu'il paroît, ou des vers, ou des traits d'Histoire, ou ce que dans les autres genres les siécles les plus reculés ont produit. On conclut communément de-là, que ce sont des gens sensés ; mais

ce qui dans ce cas semble effort
de jugement & de bon sens, bien
examiné, n'est souvent que l'opération d'une mémoire locale, fidel-
le, exacte ; & dont les traces se
produisent à l'occasion de certaines consonances. Car pour faire
preuve de bon sens dans les cita-
tions, il faut faire concourir ensemble les choses, les circonstances, & les personnes. Or ceux qui
font profession de citer, le font ordinairement sur la simple parité des
choses, & souvent d'une façon fort
déplacée pour les circonstances momentanées, ou pour les personnes ;
parce que presque toujours c'est l'a-
mour-propre qui cite ; & que de
tous les vices qui sont en nous,
c'est incontestablement le plus contraire aux regles du bon sens & du
jugement.

Plus l'art qui se borne à l'amusement des autres est futil en lui-
même, plus cet écueil que l'on

vient de défigner eft important à
connoître , & plus il devient néceffaire , avant que d'accorder fes
fuffrages à ce genre apparent d'efprit, d'examiner s'il y a autre chofe
que cette enveloppe dont le brillant, n'eft rien moins que fuffifant
pour le bonheur de la fociété.

LXIV. La feconde efpéce de
gens qui appliquent leur efprit à
des chofes de fimple amufement,
eft compofée de ce qu'on nomme
communément les Gens de cabinet. Un homme trouve du plaifir
à la lecture ; il s'y livre tout entier. C'eft fa fociété de goût. La
Litterature Grecque ou Latine, la
connoiffance de l'antiquité, l'étude
de l'Hiftoire, des contemplations
métaphyfiques, des recherches phy-
fiques, l'étude des Langues ; Souvent enfin des chofes moins inté-
reffantes, rempliffent le tems d'un
homme de Cabinet. Il faut convenir, que foit en elles-mèmes, foit

par le goût qui y conduit, elles
font réellement fatisfaifantes; mais
toutes, quoique fufceptibles d'utilité, chacune dans leur genre, ne
font cependant que des objets d'a-
mufement, relativement au bien
public de la fociété, lorfque fe
renfermant dans des efpéces d'œuvres de mémoire, on ne va pas
plus loin. Un homme, chargé de
ces richeffes, pourra être agréable,
& même admiré dans la fociété;
mais pour cela, fera-ce vraiment
un homme d'efprit? Non; car ti-
rez-le de quelqu'un de ces objets,
vous le trouverez vuide de toute
autre reffource; ou même fans le
faire fortir de ce qui lui eft fami-
lier, propofez-lui feulement une
opération de combinaifon, ou de
critique fenfée, il ne fçaura fouvent vous répondre que par un éta-
lage de compilation qui marquera
de la mémoire, mais point de jugement. Or prenant la chofe en

elle-même : que m'importe qu'un de mes pareils ait un tréfor de connoiſſances quand ce tréfor ne ſert qu'à ſatisfaire l'amour-propre , ou à contenter un penchant perſonnel ? C'eſt le cas des gens qui raſſemblent de grandes richeſſes , & qui , ſatisfaits de cette poſſeſſion , ne ſongent pas qu'elle eſt inutile à qui n'en ſçait pas faire uſage. Or voilà ce qui eſt réſervé au bon ſens. Il eſt ainſi une infinité de gens qui accumulent de l'érudition , qui ne ſont pas capables du moindre conſeil , ni en état de ſe conduire dans les circonſtances de la vie la plus ſimple , & qui ont ce qu'on appelle abuſivement l'eſprit gauche. Car perſonne ne naît avec une nature d'eſprit différente d'une autre ; mais on ne le cultive point, on ne l'exerce point à opérer, ce qui ne ſe pourroit faire que par combinaiſon. On l'accoutume à une vocation paſſive, & à un état de pareſſe dont il ne se releve plus, parce que de tous les états le plus permanent & le plus commode, est celui du repos.

LXV. Que doit-on dire, à plus forte raison, des gens, qui dénués même de ce médiocre mérite qui naît de la facilité de la mémoire, vuides de toutes notions, & ignorant, pour ainsi dire, qu'il y ait eu des âges antérieurs à leur siécle, ne se sont livrés quà un courant de société, ou oisive, ou vicieuse; & qui n'ont jamais connu d'autre genre d'esprit, qu'une imagination échauffée par les objets actuels qui agissent sur leurs sens. L'un conte ou narre plaisamment : un autre a des reparties vives & inattenduës, souvent même à celui à qui elles échappent. Quelques-uns excellent dans le langage fade des ruelles. Plusieurs dans les propos de table, & dans cette bruyante clameur de *io bacche*. Telles sont les espéces d'hommes

auſquels on applaudit, qu'on recherche, & qu'on acheve de gâ-
ter par la louange. Eſt-ce-là avoir de
l'eſprit ? Non, je ne penſe pas que
cela ſe fût nommé ainſi dans les
premiers âges du monde, & dans
les ſiécles où a pû regner le goût
du ſolide & du ſimple. C'eſt avoir
de l'imagination, & ce ſont les
paſſions vives qui la donnent. On
ne verra point un homme exempt
de leur joug autant que l'humanité
le peut être, acquérir ce talent re-
vêtu mal à propos du nom d'eſprit,
& qui ennuye dès qu'on a ceſſé
d'en rire.

LXVI. Revenons donc à la con-
ſéquence néceſſaire de la définition
que nous avons donnée de l'eſprit. Nous avons conſideré l'homme indépendamment de toute vocation ou de toute profeſſion. Mais
pour faire l'application de notre
définition, il faut maintenant le
conſidérer comme attaché à quel-

que état. Et dans ce point de vûë
je dis qu'avoir de l'efprit, c'eft
avoir toute l'aptitude néceffaire à
l'état que l'on émbraffe, ou auquel
les hazards nous ont portés. Un
homme a-t'il toute l'ouverture néceffaire pour fon métier ? Je dis
qu'il a réellement de l'efprit. Il y
a, ou il peut y avoir de l'efprit dans
toutes les conditions de la vie fans
exception, même les plus méchaniques : comme il eft vrai qu'en
ce fens il n'y a pas un feul homme qui naiffe fans efprit, parce
qu'il n'y en a aucun qui ne foit propre à quelque chofe. L'efprit peut
même trouver fa place dans des
actions profcrites, ou condamnées
par les loix civiles, parce qu'un
objet, foit bon ou mauvais, peut
être rempli avec plus ou moins d'intelligence. Eloignons donc comme fauffe cette opinion, que quelqu'un n'eft bon à rien. Cela n'eft
jamais vrai : c'eft que nous ne fom-

mes pas affez éclairés, pour dé-
mêler qu'un tel efprit eft convenable à telle ou telle chofe, ou
que nous nous laiffons aveugler
par le préjugé trop vulgaire, que
quelqu'un qui dépend de nous n'eft
bon à rien, quand il n'eft pas propre à ce que nous voudrions qu'il
fçût faire.

LXVII. Pour qu'il fût vrai que
l'on pût naître fans ce que j'appelle
de l'efprit, il faudroit avoir été
privé des refforts néceffaires à l'action de l'efprit, & être né à peu
près, comme il y a des gens à qui
quelque accident occafionne une
interception totale de quelque partie effentielle de la machine; ainfi
que l'on tombe quelquefois dans
une imbécillité entiere, ou que
l'on perd la mémoire : ce qui même n'eft quelquefois que momentanée, puifque nous voyons par
expérience que ces efpéces d'al-
térations fe guériffent, & qu'alors

un homme rentre dans tous les avantages d'esprit qu'il pouvoit posséder auparavant.

LXVIII. Le second genre d'application de l'esprit est à des choses utiles en elles-mêmes, ou pour parler avec plus de précision, qui le peuvent être : car on peut, sans utilité, s'occuper à des choses censées utiles ; qui dit utilité, suppose l'usage de la chose qui est utile. Or beaucoup de gens apprennent de bonnes choses dont ils ne font point usage ; & ceux-là, plus loüables à la vérité par le choix des choses, que ceux qui ne se livrent qu'à l'amusement n'en sont pas plus utiles à la société publique. Un homme qui apprendra parfaitement bien toutes sortes de choses, qui ne seront pas du ressort de son métier, travaille inutilement, parce que son état n'est pas d'en faire usage : en sorte que ce ne sera qu'une affaire de curiosité personnelle, & qu'on pourra, avec raison, lui dire que le tems qu'il y aura employé est un tems perdu : ou pour n'être pas mis, avec raison, dans la classe des inutiles, il faudra, que ce qui n'est pas son métier, le devienne réellement, nonobstant la définition contraire. Un homme, par exemple, sera dans la magistrature, & il aura donné, je suppose, à la Géométrie, à l'Astronomie, aux Méchaniques, un tems qu'il devoit consacrer aux loix. Il sera fort bon à consulter sur ces sciences - là, & sera mauvais Juge. Je dis donc que ce sera un Géométre, & non pas un Jurisconsulte. Ou s'il ne veut pas se communiquer sur les parties qu'il sçaura mieux : alors je dis qu'il aura appris inutilement de bonnes choses, & qu'il ne sera d'aucun métier. Il est des gens sans nombre, qui tombent dans cette erreur-là de talens, qui les rend infructueux, & fait qu'on est homme d'esprit fort inutilement. Ceux qui font dans ce cas-là font gâtez communément, & affermis dans leur égarement par les éloges qu'on leur donne. Il faudroit en défalquer ceux qu'on devroit au genre de talens d'état trop négligés & trop abandonnés.

LXX. Je ne dis pas qu'il n'y ait des gens nés affez heureufement, & avec affez de difpofitions pour s'attacher à plufieurs chofes , & même pour y réuffir ; mais il eft impoffible d'exceller en toutes. Et je demande, que donnant la préférence aux chofes effentielles à fa vocation, on ne regarde le refte que comme un amufement , & qu'on n'ait point la ridicule & fotte vanité de vouloir être admiré par ce qui ne doit être pour nous qu'un objet d'application acceffoire. Etre ainfi, c'eft, pour ainfi dire, fe dénaturer foi-même. C'eft ce qui n'arrive que trop fouvent dans le siécle où nous sommes, dans lequel le cas général que l'on fait de tout ce qui est amusement, & le peu de considération que l'on accorde aux talens solides, engagent si aisément à abandonner l'essentiel pour courir à la chimére, & pour plaire en se livrant au goût du tems. Il n'est rien qui montre plus clairement cette dépravation du goût, que la fortune différente que font les ouvrages qui paroissent. Amuse-t'on ? on est sûr de réussir. Instruit-t'on seulement ? les éloges sont froids, & la réputation languissante. De-là vient que l'on travaille peu pour autre chose que pour l'amusement, & que ceux qui pourroient faire mieux, ne veulent pas courir le risque de l'opinion.

LXXI. Mais en me renfermant dans la supposition d'un travail utile, par rapport à son objet, & à l'usage que l'on est porté à en faire, il est autant de façons d'y travailler, & de dégrés d'y réuſſir, qu'il y a de diſpoſitions différentes de l'eſprit ou du cerveau. L'ordre commun eſt de ſçavoir en chaque genre de choſe, ce que les autres ont ſçû auparavant, & de faire en chaque eſpéce, auſſi-bien que d'autres ont fait. Il en eſt encore aſſez qui ajoutent quelque choſe à ce qui a été trouvé avant eux; c'eſt-à-dire, qui perfectionnent. Mais il en eſt fort peu qui ſçachent inventer eux-mêmes, où prouver, en prenant des routes nouvelles qu'on s'eſt trompé juſqu'à eux. Les uns s'attachent à une ſimple perception d'idées & s'en contentent. D'autres trouvent plus commode d'adopter ſans examen ce qu'ils voyent ou ce qu'ils liſent. Pluſieurs, ſéduits par l'amour-propre, regardent comme un chef-d'œuvre le peu qu'ils ont ajouté à ce qu'ils ont trouvé, & s'arrêtent tout court lorſqu'ils pourroient pourſuivre une carriere, dont

le commencement eft lui feul un
garant du fuccès. Mais pour inventer, il faut plus que de l'efprit.
L'invention fuppofe néceffairement
une grande netteté d'idées, un examen raifonné fur ce qu'on voit,
une fuite dans l'efprit, qui mette
en état de percer par la combinaifon plus avant que les autres n'ont
fait. Or voilà où réfide le bon
fens.

LXXII. De quelque genre &
de quelque trempe, pour ainfi dire,
que foit l'efprit, il a plus befoin encore que le fentiment, ainfi qu'on
l'a dit, d'être retenu dans certaines bornes, parce que l'abus que
l'on peut faire de l'efprit porte à
de beaucoup plus grands inconvéniens que l'abus du fentiment, dont
il n'y a fouvent que foi qui foit la
dupe ou la victime. Mais du plus
au moins l'un & l'autre font dans
le cas de ce qu'Horace a dit fi fenfément fur l'argent. *Nullus argento*

color eſt, &c. *niſi temperato ſplen-
deat uſu.* C'eſt preſque toujours l'u-
ſage que l'on ſçait faire des choſes
qui y donne le prix , quoiqu'il y
en ait, qui dans le principe & par
elles-mêmes, puiſſent être appré-
ciées & d'une grande valeur. On
eſtime effectivement un riche qui
uſe ſenſément de ſa fortune. Pourquoi n'auroit-on pas la même regle d'eſtime ſur toutes les parties
qui ſont du reſſort du cœur & de
l'eſprit ? Cette regle exiſte réellement. Il eſt vrai qu'elle ſeroit plus
générale s'il y avoit plus de gens
de bon ſens qu'il n'y en a ; mais
chacun juge ſes pareils ſelon ſes
forces, & un fol ſera un fort mauvais eſtimateur de la ſageſſe.

LXXIII. En ſe rappellant ce
qui a été dit, on peut ſe faire du
bon ſens une idée juſte , & qui con-
duiſe naturellement à ſon application. Dès que le bon ſens eſt une
opération réfléchie de l'eſprit, il
eſt

eſt queſtion d'examiner & de montrer quels ſont les points que la réflexion doit ſe propoſer pour opérer ſûrement & utilement. A la vérité il ne ſuivra pas néceſſairement de-là, que l'homme qui embraſſera exactement les points que l'on va indiquer, raiſonne & opére ſenſément. Car premierement, il faut encore que ces eſpéces de points cardinaux de la réflexion ſoient perçûs avec netteté & avec jugement. Ce qui ſuppoſe un dépouillement des préjugés ou des vices qui peuvent ſéduire & égarer. Secondement il faudra une autre opération du bon ſens, pour que la combinaiſon de ces différens points, conçûs avec juſteſſe, ſoit elle-même exacte & conſéquente. En effet il y a des gens qui ſçavent raiſonner conſéquemment quand il s'agit d'établir leur théſe ou leur propoſition, & qui concluent mal ; & cela vient, ou du défaut d'uſage

H

de combiner, ou de l'usage de combiner trop rapidement pour pouvoir embrasser & approfondir toutes les parties de l'objet sur lequel on réfléchit. Il faut donc en une même chose bien des opérations de bon sens, pour que le résultat ou la détermination soit sensée en total. Ainsi nous devons cesser d'être surpris, s'il y a si peu de gens qui combinent & agissent sensément, & s'il y en a tant qui portent ce caractére de décision hardie, qui constituant communément un sot, révolte si hautement la société ordinaire des hommes, surtout ceux qui renfermez dans un sage silence, voyent porter l'encens devant de futiles idoles, qui n'ont de mérite que le faux clinquant qui les couvre. Ce succès, si mal mérité, est une contagion qui gagne trop aisément, & qui en gâte beaucoup.

LXXV. Pour éclaircir le principe général que je viens d'établir, & le développer entierement : je dirai donc qu'en tout ce qui intéresse le cœur ou l'esprit, il y a trois points dont chacun veut être examiné séparément, & qui doivent être ensuite combinés tous trois l'un par l'autre, si l'on veut pouvoir agir ou opérer conséquemment. Premierement, là personne qui agit ; secondement, la chose sur laquelle elle agit, & troisiémement, la personne à l'occasion de laquelle on agit. Enforte que toutes les fois que ces différens genres de combinaisons n'auront point été faits avant que d'agir ou d'opérer ; on court risque d'errer nécessairement ; ou que si l'on ne se méprend pas, c'est un effet du pur hazard. C'est ce que l'on démontrera aisément en parcourant les cinq objets du sentiment que nous avons déja traités.

LXXVI. Les actions qui intéressent l'honneur activement ou passivement, seront louables en ef-fet plus ou moins, à proportion du concours du bon sens, & de la ré-fléxion, quoique dans le principe elles le soient toujours. Par exem-ple exercer un trait de probité en-vers quelqu'un capable d'en abu-ser, est une duperie, & une chose contraire à la prudence. Ainsi ce-lui qui ne considereroit que lui & l'objet sur lequel il agit, & qui ou-blieroit de considerer celui avec le-quel il a affaire, pourroit être hon-nête-homme fort sottement, & pourroit pécher contre les regles du bon sens. Il n'est jamais permis de rien faire contre la probité; mais le bon sens & le jugement dictent la maniere de placer les actions de probité. Or les honnêtes gens pé-chent souvent à cet égard par ex-cès de confiance. Il y a d'autres gens, qui à propos de rien, & sans sçavoir pourquoi, veulent donner, pour ainſi dire, des ſpectacles de probité. Rien encore n'eſt moins conforme aux regles du bon ſens.

LXXVII. La même combinaiſon doit avoir lieu toutes les fois qu'il ſera queſtion de juger de la nature d'une offenſe que la calomnie nous aura faite. La conſidération de ſoi, & de ſa réputation acquiſe ; l'examen de la calomnie en elle-même, & celui de la perſonne qui a offenſé, doivent ſolidairement influer ſur notre jugement , & ſur notre détermination. Jeune encore, peu connu dans le monde, ayant une réputation à former, le bon ſens permet plus de délicateſſe & de ſenſibilité ; & par conſéquent plus de reſſentiment. Si le ſujet de la calomnie eſt grave en lui-même, ou circonſtancié de maniere à pouvoir être vraiſemblable, il demandera plus d'attention pour pouvoir être détruit. Si par lui-même , ou par la nature des circonſtances dont il eſt accompagné, il ſort de toutes les vraiſemblances, méritera-t'il autre choſe que du mé-pris ? Ce que l'on feroit de plus ſe-roit ſuperflu, & pourroit être par conſéquent attribué à d'autres prin-cipes, que le ſimple ſentiment d'honneur. Si celui d'où part la calomnie eſt lui-même un homme de mauvaiſe réputation, devrai-je donner à ce qui viendra de lui la même attention que je donnerois à ce qui viendroit d'un homme vertueux & de bonne réputation ? Non aſſurément, parce qu'un hom-me mal famé n'eſt pas en état de faire aucune playe à une réputa-tion décidée. Ces trois ordres de combinaiſons doivent donc influer ſur le dégré de ſenſibilité, & ſur la maniere de la montrer & de la faire éclater ; enſorte que tout hom-me, que d'ailleurs je connoîtrai pour homme ſenſé, & qui en ce genre ira trop ou trop peu loin,

me fera fuſpect ſur le chapitre de
l'honneur ; & que s'il ne m'eſt pas
connu pour tel, je le plaindrai ſeulement de ne pas déférer davantage aux loix du bon ſens.

XXVIII. Elles doivent également-
ment ſervir de regle dans tout conſeil à donner en cas pareil, où,
quelque difficile que cela paroiſſe,
il eſt pourtant néceſſaire de ſe mettre exactement à la place de celui
qui conſulte, parce que relativement à cette méthode indiquée des
trois points néceſſaires à combiner,
tel conſeil fort bon à ſuivre pour
ſoi-même, pourroit être fort mauvais à donner à un autre. C'eſt par-
là que l'on manque preſque toujours, & c'eſt auſſi la ſource preſque générale de l'approbation ou
de l'improbation que l'on donne à
ce qu'on voit faire par ſes pareils
dans le cours ordinaire de la ſocié-
té. On dit : j'aurois fait, ou je n'aurois pas fait une telle choſe ;

cela peut être fort raifonnablement penfé, en fuppofant parité dans l'ordination des perfonnes, & des circonftances. C'eft par cette raifon que je crains toujours les jugemens prononcés trop promptement, & que les hommes me paroiffent fort à plaindre, fur-tout dans les grandes places, par l'abufive propenfion que l'on a à décider fur leur conduite, fans connoître ce qui feul peut guider le jugement à porter fur eux.

LXXIX. Le fentiment fur les coups de fortune heureux ou malheureux, devroit auffi, pour être fenfé, être fondé fur la même combinaifon des trois points indiqués. Mais c'eft ce qui arrive rarement, parce que la bonne fortune enyvre, & que la mauvaife terraffe le raifonnement, & que nous avons un fond d'amour-propre & de cupidité, & fouvent de l'un ou de l'autre, qui nous empêche de raifon-

ner & de combiner. Un accroissement de fortune disproportionné
avec le premier état, dont on jouis-
soit, ou avec les désirs que l'on
avoit pû former sensément, doit
opérer une plus grande satisfaction.
Un bien, que nous fait par estime
un homme vertueux, est flatteur,
parce qu'il fait notre éloge. Un
bienfait qui nous vient de quelqu'un, qui ne nous devant rien,
est désinteressé dans les effets de
sa bienveillance, est un motif de
reconnoissance bien plus grande.
On devra mettre dans une classe
bien inférieure, ce que donne une
main peu estimable, ou ce que produit l'intérêt que l'on a de nous
faire du bien. C'est sur cette même
proportion, que dans le cours ordinaire de la société, on regle le
cas que l'on fait des attentions &
des prévenances de ceux avec qui
l'on vit, & que l'on a occasion de
voir. Un bien momentanée, quoi-

que plus confidérable, paroît un plus petit objet de contentement & de fatisfaction qu'un moindre, mais durable, & qui fe renouvelle. La circonftance du moment dans lequel nous arrive un coup heureux de fortune influë auffi beaucoup fur le dégré de fenfibilité qu'il occafionne. Tel dans certaines conjonctures fera fort fenfible, qui examiné par lui feul, feroit, ou pourroit être dans d'autres momens, reçû avec affez d'indifférence. Comme par la multiplication infinie des fituations différentes entre les hommes, ces gradations varient fans nombre, on n'entreprendra pas de les parcourir : il fuffit d'avoir fait connoître, que dans toutes également, ce font les trois points indiqués qui doivent être la matiere des combinaifons.

LXXX. Les accidens de dérangement de fortune font fufceptibles de la même application. La

valeur de la perte, ce qu'elle ôte
de reſſources dans la proportion
des beſoins néceſſaires, ou de l'é-
tat que l'on eſt obligé de remplir,
ou des vûës raiſonnables que l'on
s'eſt formé pour une famille encore naiſſante, décident du plus ou
du moins de ſenſibilité ; enſorte que
ce qui ne ſeroit point exceſſif dans
certaines ſituations, le pourroit
être dans d'autres ; ſur quoi il eſt
bien difficile que chacun puiſſe
être jugé par ſes pareils. Le hazard
qui nous a dépoüillé, la circon-
ſtance dans laquelle nous eſſuyons
une perte, le plus ou le moins de
part que nous croyons avoir à notre propre infortune, la poſſibilité
ou l'impoſſibilité qu'il y avoit de
prévenir le coup dont on eſt frappé, l'élévation de la main dont il
part, la comparaiſon de ſoi-même
avec celui qu'on regarde comme
auteur de ſes peines : Toutes ces
circonſtances doivent être miſes

également dans la balance, par quiconque veut donner à fon fentiment des bornes juftes & équitables. Mais c'eft ce qui n'arrive
prefque jamais, parce qu'au lieu
de combiner fcrupuleufement les
trois points que nous avons indiqués, on tombe communément
dans deux erreurs, fources ordinaires du déreglement des opérations de notre cœur. L'une; de
mettre les biens périffables à un
trop haut dégré d'eftime; l'autre,
de croire que nous ne méritons que
des chofes heureufes, & que toute infortune que nous effuyons eft
une injuftice. Or il eft bien plus
facile d'être injufte dans le cas d'u-
ne diminution de fortune, que dans
ceux de fon accroiffement, parce
que, quelque vif que puiffe être le
défir, il l'eft toujours moins que
l'yvreffe de la poffeffion; & qu'ainfi
que nous l'avons déja dit, c'eft l'y-
vreffe du cœur qui tient en efcla-

vage les opérations de l'esprit, dont le bon sens est une des principales.

LXXXI. Si le bon sens a tant de peine à guider l'homme dans ces deux opérations du cœur, il fait encore entendre sa voix bien plus difficilement dans les trois autres qui constituent la bonté du cœur ; je veux dire l'esprit de charité, l'amour de la parenté, & l'attachement indéfiniment pour nos pareils.

Rien ne peut plus aisément conduire l'homme trop loin que l'esprit de commisération, quoique ce soit réellement une des qualités par lesquelles l'homme puisse se rendre le plus respectable & le plus cher à la société publique. La voix de la commisération s'éleve au récit ou à la vuë d'un grand malheur, & elle est d'autant plus forte que les images sont plus vives & plus saisissantes. Or comme souvent rien n'est si ingénieux & même si arti-

ficieux que la douleur & l'infortune qui reclament le secours de la
commiseration : rien n'est ordinai-
ment si dangereux, que de se laisser
entraîner par ces images, qui tyran-
nisant, pour ainsi dire, les organes, portent le cœur à agir sans
le concours du bon sens. L'esprit
de charité est donc une des vertus
qui peut être le plus sujette à abus;
& c'est même ce qui ne peut pas
arriver sans préjudice de quelques-uns des individus existans; parce que, comme on ne peut secourir
les malheureux que proportionnément à ses facultés, & que les facultés de chacun ont des bornes,
ce qu'on a accordé de trop à une
commiseration mal entenduë, est
autant de retranché nécessairement
sur ceux qui auroient plus de droit
de solliciter nos secours.

LXXXII. C'est donc alors prin-
cipalement que les trois points de
combinaisons doivent avoir lieu.

L'homme fensé doit confulter fes facultés, & ce qu'il doit à ceux qui ont des liaifons plus particulie-res avec lui. Se dépouiller entie-rement par exemple, & fe mettre hors d'état, en faveur de fimples étrangers, de fecourir des parens ou des amis malheureux, n'eft cer-tainement pas une action de bon fens & de prudence. Enrichir, pour ainfi dire, par excès de commife-ration, quelqu'un qui n'a befoin que d'être mis à l'abri des horreurs de la mifere; donner fans examen fur la nature des befoins; prodi-guer des fecours d'argent ou de toute autre efpéce, fans fçavoir s'ils font bien mérités, & fi celui qui a recours à nous n'eft pas lui-même, par fa mauvaife conduite, ou par fon imprudence, auteur de fa pro-pre mifere; donner fans méthode & fans prendre de précautions, pour que celui que l'on fecourt n'en abufe pas, & ne foit pas fecouru

inutilement ; ne pas proportionner
ſes bienfaits à la qualité & à l'état
de celui ſur qui on les répand : Toutes ces différentes circonſtances ſont
autant de manquement aux regles
& aux principes du bon ſens. C'eſt
faire de bonnes actions, mais les
faire ſans intelligence. C'eſt ſuivre
les mouvemens du cœur, qui ainſi
qu'on l'a dit, ne raiſonne jamais,
& n'admettre pour rien le concours de l'eſprit, ou de la réfléxion,
néceſſaire cependant dans tous les
momens, où même en conſéquen-
ce des ſimples opérations du cœur,
il eſt queſtion d'agir.

LXXXIII. L'aveuglement que
les hommes ont ordinairement pour
les liens étroits de parenté les empêche trop ſouvent de raiſonner &
de réfléchir ſenſément ſur ce qui
ſeroit même le plus utile à ceux
pour leſquels la voix du ſang parle
au fond de nos cœurs. Naturellement nous aimons ceux que nous
avons

avons produits , & nous n'avons
qu'à nous garder de l'idolâtrie. Les
nuances de leurs défauts font foibles à nos yeux ; notre complai-
fance infenfée les excufe facilement.
S'ils nous donnent quelques efpé-
rances , notre aveuglement nous les
nomme des perfections déja nées
& réelles. Notre opinion fe mon-
te à un taux proportionné. De-là
il fuit que nous ne corrigeons point
leurs défauts , parce que nous ne les
voyons pas , ou que nous ne les voyons que foibles : enforte que nous
ne perfectionnons point , ce qui bien
que fauffement nous paroît être
arrivé au période de la fuprême
perfection. C'eft ce qui ne feroit
point , fi nous défendant de l'aveuglement , nous comparions de fensfroid ce qui nous touche de fi près
avec ce qui nous eft étranger. Nous
connoîtrions alors le vrai , au lieu
qu'en ce genre nous paffons notre
vie à critiquer dans les autres les

I

effets malheureux d'une tendreſſe
inſenſée, & à ne pas voir que le
mênie ſort que nous déplorons dans
nos pareils nous attend auſſi.

LXXXIV. Il faut cependant
ſe garder de l'excès oppoſé, quoique moins dangereux à pluſieurs
égards. Il eſt beaucoup de gens, qui
pour ſe dérober aux mouvemens
d'une tendreſſe non raiſonnée, tombent, par une ſévérité mal entenduë, dans l'eſprit de dureté. Ceux-
là voyent tout en noir dans leurs
proches, & ne voyent qu'en beau
les mêmes images dans l'ordre qui
leur eſt étranger. Par-là ils deviennent, pour ainſi dire, les perſécu-
teurs de ceux qui dépendent de
leur autorité : châtiant ou blâmant
avec excès, n'approuvant jamais
ce qui mérite même démonſtrati-
vement d'être loué, non-ſeulement
ils ne donnent aucun encourage-
ment, mais ils aigriſſent même
l'eſprit. Et rarement quelqu'un

ainsi, formé par les mains du caprice, peut apprendre à distinguer les limites du bien & du mal. L'un & l'autre excès n'auroit pas lieu, si l'homme portoit l'esprit de réflexion sur la vérité des objets & des choses considérées en elles-mêmes. Il en est, qui toujours louables ou blâmables en quelque sujet que ce soit, ne doivent jamais être dénaturés par notre opinion; & ceux-là doivent nécessairement avoir place dans les combinaisons des opérations du bon sens.

LXXXV. Si l'on est avec ses parens, on est, pour ainsi dire, aussi souvent avec ceux que l'on choisit pour amis. Le hazard ou les convenances momentanées président si souvent à la formation des liaisons, que l'on nomme fort abusivement liaisons d'amitié, qu'il n'est pas étonnant que le bon sens ou l'examen y ayent peu de part. On est même dans un ridicule

ufage de fe prêter réciproquement
pour ainfi dire, fes amis, fans examiner s'ils conviennent à ceux à
qui on les offre. Car c'eft ainfi qu'u-
ne feule fociété en forme une infinité d'autres, quand on n'eft point
en garde contre la multiplication,
fouvent très-dangereufe des connoiffances. Des liaifons d'amitié,
que forme l'efprit d'intérêt, l'habitude, le goût, ou une convenance paffagere, ne font point fondées
fur les regles du bon fens & du raifonnement. Auffi font-elles communément peu folides. C'eft ce qui
a été amplement démontré dans la
feconde partie du Difcours fur
l'homme. Il faut donc combiner,
quel genre de liaifons permet la
comparaifon de fon état & de celui de la perfonne avec laquelle on
a en vûë de fe lier; fi une proportion raifonnable peut permettre l'a-
mitié, qui porte avec foi & qui fuppofe une égalité dans le fentiment;

fi les fituations réciproques ne font
point un obftacle à cultiver les liaifons, qui d'ailleurs feroient fort rai-
fonnables à former; fi les caractéres fe conviennent affez pour ne
point craindre les effets de la dif-
femblance qui fe trouve plus ou
moins grande entre tous les hommes; fi l'on n'eft point affujetti à
des engagemens de devoir qui puiffent être en oppofition avec les
nœuds que l'on a en vûë de former; enfin fi celui que l'on fe pro-
pofe pour ami a les qualités effentielles du cœur; fi c'eft un homme
vertueux & de réputation pure.
Après cela il y aura encore à examiner fi les circonftances pefées à
la balance du bon fens & du jugement, permettent de contracter les
liaifons étroites de l'amitié, ou fi
l'on n'eft pas foi-même dans le cas,
que les avances ou les offices de
l'amitié, puiffent être embarraffan-
tes à celui que l'on recherche. Car

tout bizarre qu'il foit, que le bon
fens puiffe & doive dépendre du
caprice des événemens ; il eft cependant des fituations qui deman-
dent, de la part des gens fenfés,
des ménagemens, & une certaine
retenuë fur chofes fur lefquelles,
dans toute autre circonftance, le
bon fens laifferoit au cœur une entiere liberté.

LXXXVI. Il y a encore fur
cette matiere, inépuifable en elle-
même, une infinité d'autres combinaifons à pouvoir former. Chacun dans fon état en a de différentes à faire, qu'il n'eft pas poffible
de prévoir, & fur lefquelles il faut
que le bon fens foit une efpéce de
lumiere générale qui éclaire toutes les fituations, pour regler les
déterminations.

A ne confidérer ici les chofes
que du côté de la durée, il feroit
à fouhaiter que le bon fens eût
quelque part à ce genre d'attache-

ment , que l'on a traité aux sec-
tions 42. 43. & 44. Mais com-
ment cela pourroit-il être , puisque
premierement, si le raisonnement
agissoit, il nous rappelleroit la force & la raison du précepte , qui
combat ces attachemens ; & que
d'ailleurs mettant encore cette réflexion à part, ce ne sont ordinairement que les sens qui les forment. Or les sens ne raisonnent
point, & ils sont les auteurs de tous
penchans illégitimes. Aussi ne trou-
veroit-on peut-être pas un exemple , qu'entre personnes de sexes
différens, ce qu'on nomme intérêt particulier, ait été précédé d'aucune opération du bon sens. Le
hazard produit pourtant quelquefois de ces intérêts durables, quand
la conformité des caractéres vient
à l'appui des premiers essais de confiance & des premiers titres de
reconnoissance. Mais à la façon ,
dont la plûpart des hommes se con-

duifent, il faut convenir que c'eft placer ordinairement fon argent fur une banque bien mal établie.

LXXXVII. Si le cœur, ou l'efprit, ou tous les deux, en quelque ordre que ce foit, ont une action continuelle dans l'homme, il a donc continuellement befoin du miniftére du bon fens, fans lequel il échouëroit bien-tôt, & ne feroit que des faux-pas. Le fentiment d'honneur occupe fan ceffe l'homme, activement, ou paffivement. Les progrès de la fortune, ou fa décadence, partagent continuellement fon attention. Les objets de commiferation font, pour ainfi dire, de tous les momens; on a fans ceffe amis à cultiver, & parens à fervir : toutes occafions d'exercer le bon fens & de faire ufage du jugement fain, fans lequel on briferoit continuellement contre des écuëils d'autant plus dangereux, qu'on femble y être conduit par les principes les plus purs & les plus respectables. Il ne faut cependant pas que les regles du bon sens puissent jamais servir de prétexte pour manquer à ces principes; car tel qui paroît souvent n'être retenu que par-là, péche au fond par la corruption, ou par l'endurcissement du cœur. Et c'est être faussement sage que de l'être aux dépens des principes, & des qualités du cœur les plus essentielles. Tels sont une infinité de faux-sages, ou de faux-vertueux du siécle, dont les yeux les plus clairvoyans ont souvent bien de la peine à pénétrer le masque.

LXXXVIII. Ainsi que le sentiment, pour agir utilement, a besoin d'être dirigé par le bon sens; de même son ministére est nécessaire pour retenir l'esprit. La premiere chose, à laquelle le bon sens ait à se porter pour guider les actions de la vie, est la connoissance des hommes. C'eſt une erreur de croire qu'il ſuffiſe de la perſpicacité pour y parvenir pleinement. Le raiſonnement réfléchi y eſt indiſpenſablement néceſſaire Il ne faut pour en être perſuadé, que ſe rappeller; 1°. Combien l'homme eſt une eſpéce compliquée. 2°. Qu'une vérité, quelle qu'elle ſoit, ne ſe peut développer parfaitement que par une combinaiſon bien méditée de toutes ſes branches. Si le premier dégré, pour réuſſir en quelque choſe que ce puiſſe être, eſt de plaire à ſes pareils, il ſuit qu'il les faut connoître, pour choiſir ce qui peut leur être agréable, & pour ſe prêter à eux autant que les principes le peuvent permettre.

LXXXIX. Montrer de la pétulance à quelqu'un qui n'eſtime que le phlegme ; courir le riſque de fatiguer par la véhémence des propos, quelqu'un qui ne veut qu'une ſociété douce & meſurée ; ennuyer par les contraires un homme qui ne fe tient pour amufé que de mouvemens vifs & forcés. Etaler un profond fçavoir devant gens, que leur éducation, ou leur vocatien a éloignés de tous cercles de connoiffances. Forcer, pour ainfi dire, un homme confacré à des études & à un état férieux, à écouter par bienféance la frivolité des riens, ou des propos les plus plagiaires. Entretenir opiniatrément les autres de tout ce qu'on fçait, & qu'ils ne peuvent pas fçavoir. Porter une exceffive joie à quelqu'un attaqué de quelque vive atteinte de douleur. Préfenter les images de la triftefle à quelqu'un, qui ne doit fentir que les mouvemens de fa joie, ou dans des momens confacrés au plaifir. Parler de ce qui peut affliger ou bleffer quelqu'un avec qui l'on fe trouve. Chercher à embarraffer, pour fatisfaire fon amour-propre, des gens fur qui

l'on fe fent quelque fupériorité d'é-
tat ou de talens. Tomber dans la
fadeur de l'adulation, ou dans l'a-
mertume de la critique. Tout cela
font autant de chofes, qui de quelque efprit qu'elles puiffent être ac-
compagnées, ne peuvent manquer
de déplaire, & doivent être efti-
mées contraires aux régles du bon
fens, parce qu'elles vont contre
cet objet de plaire à fes pareils, &
que ce n'eft point agir conféquemment.

XC. Affecter prématurément le
ton, le maintien & le langage, qui
font le fruit des années & de l'expérience. Laiffer entrevoir à travers
les rides de la vieilleffe, la légereté
de la jeuneffe. Manquer à ce qui
eft dû à un rang fupérieur; faire
fentir ridiculement fa fupériorité à
des inférieurs : affecter de s'élever
au-deffus de ceux avec qui l'on
doit conferver, & foutenir l'égalité ; fe renfermer dans un filence

qui annonce le mépris pour les membres de la société, dans laquelle on se trouve ; se livrer sans égard au talent disert de la conversation : s'abandonner au goût de la plaisanterie, même le mieux assaisonnée, & toujours offensante. Parler fréquemment de soi, avoir la vanité de se louer, ou la fausse modestie de se dépriser. Ce sont autant d'égaremens de l'esprit, que condamne le bon sens, & dans lesquels on ne tomberoit pas, si on réfléchissoit assez sur la nécessité & les moyens de se tenir dans son état & dans sa place. En vain allegueroit-on pour son excuse l'impossibilité de plaire à tout le monde, parce qu'il y a autant de caractéres différens que d'individus existans. Il n'est point nécessaire ni convenable de vouloir plaire à tout le monde. Dans le nombre assez considérable de gens avec qui l'on vit, il y a toujours quelqu'un à qui

la bienféance ou les convenances
exigent qu'on tâche de fe rendre
agréable. Il fuffit, pour les autres,
de ne leur pas déplaire. Or c'eft
ce que l'on peut, dès qu'on le
veut, & c'eft affez, en quelque fituation que l'homme puiffe fe trouver.

XCI. Mais fi la fociété exige un
continuel ufage de combinaifons,
& fi l'habitude feule peut apprendre
dre à combiner, il faut convenir
qu'on ne l'acquerrera pas dans la
folitude du cabinet, où d'ailleurs
on peut être capable de chofes
excellentes. Il faut converfer avec
les hommes pour apprendre à vivre avec eux, & à les connoître.
De-là vient auffi que la plûpart
de ceux, qui font accoutumez à
une grande & longue retraite,
font dans le cercle du monde,
embarraffés de circonftances auf-
quelles pourroient fuffire des talens beaucoup moindres avec

plus d'ufage du monde ; ou qu'ils
ont pour la fociété des défauts qui
les y font recevoir ou traiter defa-
gréablement. De-là il faut conclurre que l'efprit de l'homme eft fuf-
ceptiple de différentes nuances.
Que chacun, felon l'habitude qu'il
a contractée, eft propre à diverfes
chofes ; & que les hommes en général, avec la faculté de pouvoir
combiner, & par conféquent agir
fenfément, ne peuvent former de
combinaifons juftes que fur les chofes qu'ils connoiffent, & qui font
à leur portée ; car on paffe fa vie
à raifonner fur une *hypothéfe donnée.*

XCII. Tout rare que foit le bon
fens , il n'eft cependant aucune
qualité que l'on préfume plus communément avoir que celle-là. Et
cette préoccupation de foi-même
eft la plus grande preuve qu'on
manque de ce qu'on croit avoir
abondamment. Ordinairement on

ne porte ce jugement aveugle sur soi-même, que d'après le succès que l'on a eu dans sa conduite. Mais la plus grande partie en est souvent dûë à des hasards de circonstances, & à des combinaisons d'événemens favorables, qui ont opéré avec peu ou point de concours de notre part, & dont nous nous faisons un mérite à nous-mêmes. Le seul souvent que l'on ait eû réellement, a été d'avoir sçû ne pas rejetter ou méconnoître les occasions heureuses qui se sont offertes.

XCIII. Après tout ce qu'on a dit, on ne sera pas étonné, que bien que la faculté du bon sens, considérée comme faisant partie de l'esprit, soit née avec nous, les opérations du bon sens soient cependant si rares; & que plus les hommes sont élevés en dignité, ou chargés de beaucoup de détails, plus le ministére du bon sens leur est

eſt néceſſaire. Le nombre plus ou
moins grand de combinaiſons à faire, décide de l'étenduë du travail
& de l'aptitude de chacun à la
choſe dont il eſt chargé. Celui qui
excelle en une choſe, doit être cenſé avoir de l'eſprit & du bon ſens ;
parce que s'il n'avoit pas l'un &
l'autre, il ne lui ſeroit pas poſſible
d'exceller. Juſques dans les pro-
feſſions de ſimple mécanique, le
bon ſens eſt néceſſaire. Un ſimple
Laboureur, un homme de campa-
gne, ne réuſſit dans la culture de
la terre que par le bon ſens ; parce
qu'il agit d'après certaines régles,
& que ces régles ſont fondées ſur
le bon ſens. Les choſes de proportion, dans les ſimples ouvrages de
la main, ſont des effets ou des objets du bon ſens. Tout ouvrage,
compoſé de pluſieurs parties, ex-
clut toute diſproportion dans l'aſ-
ſemblage de ſes parties. Il ſeroit ab-
ſurde de joindre des choſes, qui

K

destinées à faire un ensemble, se-
roient cependant de nature à se détruire, étant réunies. C'est ce qu'Horace peint si naturellement dans
son Art Poëtique, quand il défend
d'ajouter un morceau de vieille étoffe à une neuve.

XCIV. Dans tous les ouvrages
d'esprit il en est de même ; ils exigent un assortiment que le bon
sens conseille, & auquel il nous
lie. Glisser des termes bas dans une
piéce qui exige de la noblesse ; donner à la prose la mesure ou la ca-
dence de la Poësie ; assujettir la
Poësie à la simplicité du style pro-
saïque ; mêler des traits profanes
dans un sujet saint ; égayer par des
choses communes & triviales un
sujet sérieux dans son tissu & dans
sa conduite. Si l'on réduit quelque
image que ce soit en action ; sortir du vraisemblable dans l'idée de
faire quelque chose de merveil-
leux, & qui soit saisissant ; s'abandonner en tout genre à l'élégance

& au brillant, au préjudice du rai-
sonnable & du raisonnement ; c'est
pécher contre les régles du bon
sens. Or combien souvent cela n'arrive-t'il pas à des gens qui croyent
faussement pouvoir travailler pour
eux, quand ils ne travaillent pas
pour les autres. Revenons donc
toujours à cette combinaison des
trois points, que nous avons indiqués, & qui sont effectivement
tels, qu'en s'y attachant exactement, il n'est pas possible d'errer,
si ce n'est dans les cas où l'artifice
des hommes rend de simples apparences, si semblables au vrai, qu'on
pourroit aisément s'y tromper ; mais
alors il n'en faut pas rougir, &
dans le fond, cela n'arrive pas à
tout moment.

XCV. Quoique l'on ait crû devoir mettre le bon sens dans une
classe distincte & séparée de l'esprit, pour mieux faire sentir son
influence, & la nécessité de son

concours : il faut cependant convenir qu'à certains égards, il en
est fort dépendant, & qu'il agit
plus ou moins utilement, dans la
proportion de l'étenduë & de la
sagacité de l'esprit, cela est facile à
entendre. En effet, si l'on ne peut
opérer que sur ce que l'on connoît, ainsi qu'en Géométrie, d'un
point donné, on parvient à découvrir le point inconnu : il suit nécessairement, que plus un homme
aura de faculté & d'étenduë de
conception, plus il aura d'étoffe
sur laquelle travailler, & plus il le
fera avec avantage. Un homme lu-
mineux trouve à une même chose beaucoup de faces différentes,
qui échapperont à un autre. Par
conséquent il aura un plus grand
canevas à remplir, & un plus grand
nombre de combinaisons à former.
De-là vient que les gens de beaucoup d'esprit sont plus difficiles que
d'autres, parce que voyant mieux,
on ne les contente pas si aisément.

De même, un homme qui perce-
vra rapidement les objets, aura l'a-
vantage de pouvoir combiner plus
vîte, parce qu'au moyen de cette
vivacité des opérations premieres
de l'efprit, fa matiere eft plûtôt
préparée pour le fecond ordre des
opérations que j'ai nommées bon
fens. Cela forme entre les hommes
la même différence, pour ainfi dire, qui fe trouve entre deux trou-
pes de guerre, dont l'une fçait faire fes évolutions plus promptement & plus vivement. Il eft aifé
de juger de quel côté devra être l'a-
vantage. En effet, c'eft en avoir un
grand que de fçavoir prendre un
parti, avant, pour ainfi dire, que
d'autres ayent eu le tems d'examiner quels feroient les partis à prendre.

XCVI. Ainfi après avoir féparé
l'efprit & le bon fens l'un de l'autre, pour les mieux développer
tous les deux, réuniffons-les com-

K iij

me deux affociés, dont le premier eft utile au fecond, & le fecond néceffaire au premier. En effet, l'efprit difpofe les chofes & les prépare, pour que le bon fens choififfe, affortiffe, proportionne, & dirige; mais le bon fens n'agit que fur ce qui lui eft préfenté. Ainfi l'efprit lui eft utile; mais il eft néceffaire à l'efprit, parce que, quelque abondantes que foient les matieres préparées par fes foins, elles font inutiles, fi le bon fens n'en détermine, & n'en regle l'ufage.

XCVII. Nous feuls pouvons être nos maîtres en ce genre, & acquérir ce don précieux, puifque c'eft l'ouvrage de la réflexion; & de-là il fuit encore que ce ne peut pas être l'ouvrage d'un jour. L'expérience feule donne cette fûreté de fens, qui empêche de fe méprendre, & qui fait en toutes chofes toucher le but; auffi voit-on rarement un jeune homme égaler celui qui a vieilli dans les occafions de réfléchir, & qui s'eft long-tems étudié lui-même. Et ce talent a cela d'heureux, c'eft qu'une fois acquis, loin de s'ufer, il fe perfectionne chaque jour. Or cet avantage s'acquiert plus ou moins promptement dans la proportion du dépoüillement des préventions contractées par l'éducation, ou des paffions. Ces deux ennemis du bon fens doivent être écartés & fubjugués; & tant qu'ils ne le font pas, quelque longue expérience que l'on puiffe avoir, non-feulement elle devient inutile; mais l'égarement de l'efprit ne fait que fe fortifier davantage, & acquérir auprès de nous, ou dans notre opinion, toute l'autorité du vrai & du fenfé.

XCVIII De-là vient que les femmes, quoique douées naturellement de plus de vivacité d'efprit que les hommes ont cepenndat quelque infériorité au-deffous d'eux, en matiere de jugement. Le genre

K iiij

d'éducation qu'on leur donne ordinairement ne porte pas à la réflexion ou à la combinaison ; on n'y
porte que fur des chofes communes & inutiles à la formation du
bon fens. Enforte qu'à mefure qu'elles avancent en âge, elles ne font
que plus obftinées dans les préjugés & dans les préventions, enne-
mies décidées du bon fens. Mais
en même-tems que je leur accorde
des avantages du côté des dons de
la nature, il ne feroit pas jufte de
vouloir les rendre refponfables de
ce qui peut leur manquer d'ailleurs,
& qu'elles auroient peut-être fupé-
rieurement aux hommes mêmes,
fi leur éducation étoit dirigée à cet
objet. La preuve en eft, qu'il y a
eû dans tous les tems des femmes
illuftres, & capables des plus grandes chofes ; & que même, pour peu
que l'on foit répandu dans le monde,
il n'eft perfonne qui n'en connoiffe
de refpectables par le jugement
& le bon fens. Qu'elles employent

donc l'autorité qu'elles ont dans le monde à faire changer l'injuste méthode dans laquelle eſt renfermée leur éducation ; elles ſeront ſûres de leurs avantages.

XCIX. Ainſi, en ſuivant les principes ci-deſſus établis, la premiere condition néceſſaire pour raiſonner ſelon les régles du bon ſens, eſt d'être dans toutes les occaſions tellement libre des préjugés & des paſſions, qu'ils ne puiſſent point offuſquer le raiſonnement. Examinant d'abord les choſes, par ce qu'elles ſont en elles-mêmes, & indépendamment des cauſes ſecondes ; & les rejoignant enſuite pour combiner l'une par l'autre, & développer ce qu'elles peuvent avoir d'analogue ou d'oppoſé entr'elles ; mais on peut raiſonner ſenſément, ſans pour cela raiſonner utilement. Or, pour acquérir ce ſecond dégré de perfection, il faut joindre les lumieres & les connoiſſances à ce dépoüillement des

préjugés dont on vient de parler.
C'est une suite nécessaire de ce que
l'on a dit au 96e Paragraphe. Et
réellement l'on peut raisonner fort
juste relativement à ce qu'on sçait,
& cependant ne pas embrasser toute l'étenduë de son sujet. Il faut,
pour raisonner utilement pour soi,
ou pour les autres, dans les occasions où l'on est consulté, être in-
struit. Voilà ce qui constituë la différence entre les grands hommes,
& ces hommes communs, destinés à rester au second rang, & à
se voir successivement primés par
ceux qui joignent les lumieres à la
faculté acquise d'en faire un usage
sensé & méthodique.

C. Pour résumer en peu de mots
les vérités que l'on a travaillé à développer dans le cours de cet
écrit, je dirai que tous les hommes naissent avec la faculté de
sentir & de raisonner. Que les occasions & le mode de l'éducation
développent cette faculté plus ou

moins dans une espéce de subor-
dination de la disposition plus ou
moins parfaite des organes. Que la
bonté du cœur est ce qui donne es-
sentiellement le prix à l'humanité.
Que les lumieres de l'esprit ajoutent un nouveau dégré à ce prix.
Que le sentiment & le raisonnement, selon la différente nature
des objets, peuvent agir indépendamment l'un de l'autre ; que comme l'homme agit presque nécessairement d'après ce qu'il sent , l'esprit se joint ordinairement au cœur,
pour en devenir le ministre & l'instrument ; mais qu'alors l'esprit n'est
acteur qu'en second, servant seulement à faire valoir le sentiment.
Que c'est par le ministére du bon
sens, ou de la réflexion, que l'esprit a dans ses opérations une mesure juste, & que c'est par son secours qu'il fixe l'étenduë, & qu'il
dirige l'application du sentiment ;
que sans le bon sens on peu t êtr
vertueux pour soi-même , mai

très-inutilement pour le bien de la société. Que sans lui l'esprit ne peut être que dangereux pour soi ou pour les autres. Enfin, que quiconque péche par le bon sens, ne doit point s'en prendre à la nature, mais à la malheureuse habitude contractée prématurément d'être paresseux à penser & à réfléchir. Et de ce résumé général je conclus, que comme rien n'est plus difficile que de conduire le cœur & l'esprit à l'unisson par le secours du bon sens, rien n'est moins étonnant, que de voir tant d'hommes défectueux, & si peu sur qui la critique la plus modérée ne puisse pas trouver à mordre. Enfin, qu'en même-tems rien n'est si ridicule & si injuste, relativement à soi-même, que de se refuser en faveur de ses pareils, aux mouvemens d'une indulgence, dont chacun a tant de besoin dans toutes les occasions qui intéressent le cœur & l'esprit.

F I N.

APPROBATION.

J'Ai lû par ordre de Monseigneur le Chancelier un Manuscrit intitulé : *Parallele du Cœur, de l'Esprit & du bon Sens* ; & j'ai crû que cet Ouvrage ne seroit pas moins utile au Public, que ceux dont il est déja redevable au même Auteur. A Paris, ce 10. Décembre 1739.

SOUCHAY.

PRIVILEGE DU ROY.

LOUIS PAR LA GRACE DE DIEU, Roi de France & de Navarre, à nos amez & feaux Conseillers, les Gens tenans nos Cours de Parlement, Maîtres des Requêtes ordinaire de notre Hôtel, Grand-Conseil, Prévôt de Paris, Baillifs, Sénéchaux, leurs Lieutenans Civils & autres nos Justiciers qu'il appartiendra, Salut : Notre bien-amé JEAN-LUC NYON fils Libraire à Paris, Nous ayant fait remontrer qu'il lui auroit été mis en main un Ouvrage qui a pour titre : *Parallele du Cœur, de l'Esprit & du bon Sens, & autres Oeuvres de M. Pecquet*, qu'il souhaiteroit faire imprimer & donner au Public, s'il

Nous plaifoit lui accorder nos Lettres
de Privilége fur ce néceffaire , offrant
pour cet effet de le faire imprimer en
bon papier & beaux caracteres fuivant
la feuille imprimée & attachée pour mo-
déle fous le contrefcel des Préfentes.
A CES CAUSES voulant traiter fa-
vorablement ledit Expofant , Nous lui
avons permis & permettons par ces
Préfentes , de faire imprimer lefdits Ouvrages ci-deffus fpecifiés en un où plufieurs volumes, conjointement ou fépa-
rément , & autant de fois que bon lui
femblera , & de les vendre , faire vendre
& débiter par tout notre Royaume pendant le tems de neuf années confécuti-
ves , à compter du jour de la date defdites
Préfentes : Faifons défenfes à toutes fortes de perfonnes de quelque qualité &
condition qu'elles foient d'en introduire
d'impreffion étrangere dans aucun lieu de
notre obéiffance ; comme auffi à tous
Libraires, Imprimeurs & autres, d'imprimer , faire imprimer , vendre , faire
vendre, débiter ni contrefaire lefdits Ouvrages ci-deffus expofés en tout ni en partie, ni d'en faire aucuns extraits fous quelque prétexte que ce foit , d'augmenta-
tion , correction , changement de titre ou
autrement , fans la permiffion expreffe &
par écrit dudit Expofant , ou de ceux qui

auront droit de lui, à peine de confiscation des Exemplaires contrefaits, de six mille livres d'amende contre chacun des contrevenans, dont un tiers à Nous, un tiers à l'Hôtel-Dieu de Paris, l'autre tiers audit Exposant, & de tous dépens, dommages & intérêts; à la charge que ces Présentes seront enregistrées tout au long sur le Registre de la Communauté des Libraires & Imprimeurs de Paris, dans trois mois de la date d'icelles, que l'impression desdits Ouvrages sera faite dans notre Royaume & non ailleurs, & que l'Impétrant se conformera en tout aux Réglemens de la Librairie, & notamment à celui du 10 Avril 1725. & qu'avant que de les exposer en vente, les Manuscrits ou imprimés qui auront servi de copie à l'impression desdits Ouvrages, seront remis dans le même état où les Approbations y auront été données ès mains de notre très-cher & féal Chevalier le Sieur DAGUESSEAU, Chancelier de France, Commandeur de nos Ordres, & qu'il en sera ensuite remis deux Exemplaires de chacun dans notre Bibliothèque publique, un dans celle de notre Château du Louvre, & un dans celle de notredit très-cher & féal Chevalier le Sieur DAGUESSEAU, Chancelier de France, Commandeur de nos Ordres; le tout à peine de nullité des

Préfentes, du contenu defquelles vous mandons & enjoignons de faire jouir l'Expofant ou fes ayans-caufe pleinement ou paifiblement, fans fouffrir qu'il leur foit fait aucun trouble ou empêchement. Voulons que la copie defdites Préfentes qui fera imprimée tout au long au commencement ou à la fin defdits Ouvrages, foit tenuë pour dûement fignifiée, & qu'aux copies collationnées par l'un de nos amez & féaux Confeillers & Sécretaires, foi foit ajoutée comme à l'original ; commandons au premier notre Huiffier ou Sergent de faire pour l'exécution d'icelles tous actes requis & néceffaires, fans demander autre permiffion, & nonobftant clameur de Haro, Charte Normande & Lettres à ce contraires : CAR tel eft notre plaifir. Donné à Paris le trentiéme jour de Décembre, l'an de grace mil fept cent trente-neuf, & de notre Regne, le vingt-cinquiéme. Par le Roi en fon Confeil.

SAINSON.

Regiftré fur le Regiftre X. de la Chambre Royale des Libraires & Imprimeurs de Paris, N°. 329. fol. 313. conformément aux anciens Réglemens, confirmés par celui du 28. Février 1723. A Paris le 5. Janvier 1740. SAUGRAIN, *Syndic.*

www.ingramcontent.com/pod-product-compliance
Lightning Source LLC
Chambersburg PA
CBHW072102080426
42733CB00010B/2189